스타트업 HR 팀장들

강정욱 김민교 윤명훈 지음

wantedbooks

스타트업 HR 팀장들

강정욱 김민교 윤명훈 지음

wantedbooks

목차

프롤로그. 우리는 왜 스타트업으로 왔을까   10

1장. 오늘부터 스타트업 HR담당자

스타트업 HR에 대한 환상   22
스타트업 HR담당자의 역할   26
1인 HR담당자로 살아남기   34
스타트업 HR의 핵심, CEO와의 얼라인   39

2장. 성장 단계별 HR의 역할

스타트업의 성장 단계별 HR   46
빠른 조직 성장과 높은 인재 밀도   51
성장에 따른 조직 구조의 변화   59
조직개편이 필요할 때   67

3장. 스타트업 인재 영입 전략

초기 성장 조직의 인재 영입 전략   76
스타트업 채용의 A-Z   82
인재 영입 채널 설계   90
실전 인재 영입, A사 후보자를 영입하다   96

4장. 스타트업 성과 관리

OKR, 어떻게 도입해야 할까?   108
평가 제도 설계와 운영   114
스타트업의 보상 제도   126
스타트업 보상의 꽃, 주식 보상   133
성장을 위한 잡 레벨링 전략   139

5장. 스타트업, 조직문화가 반이다

신뢰의 조직문화, 어떻게 소통해야 할까	148
조직문화 TF가 실패하는 이유	156
우리 회사의 북극성, 컬처덱 만들기 A-Z	162
자율, 창의, 소통을 위한 환경 조성	168
조직문화 진단, 펄스 서베이	173

6장. 입사에서 퇴사까지, 직원 경험 여정

직원 경험의 시작, 온보딩	184
무제한 복지, 무조건 좋을까	194
스타트업의 학습 모델, 70:20:10	200
팀장의 리더십	209
끝은 새로운 시작, 퇴사를 회고하다	220

7장. 조직 위기를 기회로 만드는 HR

조직문화 바로잡기	230
스타트업의 위기 신호	236
위기 때 더 중요한 HR	244

에필로그	252

3명의 스타트업 HR 팀장들이 겪어 온 경험과 변화의 굴곡이 이 한 권의 책에 녹아들어가 있다. 청운의 꿈을 갖고 스타트업 인사를 맡았던 때부터 조직이 성장함에 따라 중요하게 나타나는 HR 면면에 대한 사려 깊은 고민의 흔적이 묻어난다. 읽다 보면 3명 저자의 비슷하면서 색깔 다른 이야기가 재미를 더한다. 결국 인사는 맥락이 중요한 기능이라는 것을 새삼 느끼게 한다. 모든 스타트업 HR담당자뿐만 아니라 현재 정체된 조직에서 혁신의 돌파구를 고민하는 모든 분들께 일독을 권장한다. 스타트업 인사에 대한 적절한 추천서가 없었는데, 이제는 자신 있게 추천할 도서가 생겼다.

— 김기령 경희대학교 경영학과 겸임교수 / 전 쿠팡 인사부사장

스타트업 HR담당자들은 외롭다. 때때로 회사 측 입장을 고수해야 하면서도 구성원들의 니즈를 살펴야 한다. 그 양극단에 걸친 욕구 사이에서 갈등을 겪는다. 특히, HR 분야에서 수년간 수련해온 선배 및 리더들이 있는 대기업과는 달리, 스타트업은 묻고 배울 누군가가 회사 내부에 없다. 대기업 맥락에서 쓰인 도서는 별반 유용하게 참고가 되지 않는다. 스타트업은 HR에게 학습 원천이 부족해서 체계적으로 성장하기 어려운 척박한 환경이라 할 수 있다. 그래서 이 책이 반갑다. 저자들이 스타트업 HR을 수행하면서 겪은 좌충우돌 경험담과 노하우를 만나 보기를 적극 권하고 싶다.

— 김성준 국민대학교 경영대학원 교수

아무것도 가진 것이 없기에 새로운 것을 도전할 수 있었고, 매번 변화를 해야 하기에 무거운 것이 아닌, 가벼운 몸과 시스템을 구축해가는 스타트업. 이를 위해 책에서 말하는 정답없다는 생각과 함께 실험과 회고를 습관처럼 하는 것이 필요하고, 1인이 모든 것을 다 할 수 있어야 한다. 큰 그림을 설계하고 디테일한 실행까지 해야 하는 것이다. 책에서는 진정성이라는 단어가 자주 등장한다. 작은 회사, 위태로운 회사에서 인재를 영입하는 단 하

나의 방법을 진정성이라고 말할 수 있듯이 말이다. 책에서는, 위태롭지만 그래서 도전할 수 있고, 갖춘 것이 없지만 그래서 A부터 설계할 수 있어서 가볍게, 언제든지 빠르게 변화하며 실행해가는 HR 팀장들의 이야기를 생생하게 확인할 수 있다.

— 백종화 그로플 대표 / 전 이랜드 인사실장

책에서는 3인의 스타트업 HR 팀장들의 책임감과 열정이 곳곳에서 느껴진다. 이들의 일과 조직에 대한 사명감과 'Why, 이 일을 하는가?'가 어디서부터 오는 것인지 책을 읽으면서 그 힘을 느낄 수 있었다. 이 책은 스타트업 HRer에게도 매우 유익한 HR기능적 지식과 경험을 유익하게 제공할 뿐 아니라 중견/대기업 HR 리더 및 담당자들도 바로 활용할 수 있는 수준의 좋은 프랙티스를 여기저기에서 어렵지 않게 찾아볼 수 있다. 또한, 스타트업 이직을 고민하는 HR분들은 스타트업 HR을 들여다볼 수 있는 기회가 될 것이다. 일거양득 측면에서 일독을 권한다.

— 이동훈 LG AI연구원 People Unit 리더 상무

회사 대표들의 고민의 20%는 돈, 80%는 사람이다. 사업은 사람들의 마음을 쌓아서, 함께 공동의 목표를 이루어 가는 과정이기 때문이다. 사람에는 정답이 없고 한 명 한 명이 우주이기에 더욱 어렵다. 특히 스타트업은 시스템은 부족하고 개인기에 의존하고 있기에, 한두 명의 잘못된 채용이나 다툼과 같은 작은 흔들림에도 무너지기 쉽다. 조직 규모와 상황이 빠르게 변하기에, 성장통은 지겹도록 반복된다. 그렇기에 스타트업 HR은 생존에 필요한 최소 기능 제품이자, 가장 매력적인 사내 발명품이다. 매일 현장에서 사람들의 몰입과 협업, 성장과 고민 앞에서 고군분투하고 있는 창업가와 HR이라면, 무조건 읽어 보시길 추천드린다.

— 이복기 원티드랩 대표

스타트업은 직무 위주로 조직이 구성된다. 채용과 인사 역시, 직무 중심으로 관리된다. 입사하자마자 제 몫을 해내는 직무 전문가 위주의 상시 채용이 잦다. 스타트업 성장에서 인재 확보는 필수 불가결이다. 따라서 HR은 경영과 직결된다. 이 책은 스타트업 성장을 촉진하는 핵심 가이드다. HR 전략과 탄탄한 조직 문화 구축 노하우를 풍성한 예시와 실무, 전문가들 경험에 비춰 다룬다. 조직 성장과 발전에 기여할 수 있는 통찰력을 얻게 될 것이다.

— 이용균 알스퀘어 대표

이 책은 스타트업 세계관을 어떻게 효과적으로 설계할 수 있는지를 다룬 지침서다. 책에서는 우리가 갖고 있는 실질적인 문제를 해결할 수 있도록 저자들이 절절히 경험했던 여러 고민과 질문을 던지고 있다. 스타트업에서 고민하는 내용을 개념부터 실용적인 문제 해결까지 돕는 도서라고 할 수 있겠다. 스타트업 세계는 빠르게 시도하고 변화하는 속성을 갖고 있다. 전 세계의 큰 기업들도 기민하고 경계 없는 조직의 DNA를 배우고 있다. 앞으로 더 확장될 세계인 스타트업에서 더욱 효과적이고 성공적으로 성장하기를 바라는 우리 직장인과 리더들에게 이 책을 추천한다.

— 이중학 가천대학교 경영학부 교수

HR은 대기업부터 스타트업까지 기업 운영의 핵심 요소로 간주된다. 그러나 급변하는 비즈니스 환경에 대응하여 실무적으로 이를 이해하는 것은 쉽지 않다. 저자들은 자신의 경험과 통찰력을 바탕으로 HR 역할의 중요성을 강조하면서도 기업의 HR 환경을 이해하는 데 도움을 준다. 또한, 채용, 조직관리, OKR, 캐리어 레벨, 보상체계에 대한 현장적 시각을 제시한다. 현장에서의 HR 팀장으로서의 고민과 역할에 대한 통찰을 제공하는 이 책을 HR 관련자뿐만 아니라 팀을 운영하는 모든 사람들에게 강력히 추천한다.

— 정진용 삼성전자 C랩 아웃사이드 총괄

스타트업을 시작하면 딱히 어디에 물어보기 어려운 질문들이 있다. 특히 HR영역이 더 그렇다. 이제 막 창업을 시작하여 채용을 하고 조직문화를 세팅해야하는 창업자부터 작은 스타트업에서 홀로 경영지원 업무를 다 해내고 계시는 담당자에게 곁에 두고 가이드로 삼을 만한 책이 드디어 나왔다. 초기 투자를 하며 HR 관련한 많은 질문들을 FAQ로 만들어 링크를 드리곤 했는데, 앞으로는 창업하신 대표님들에게 이 책을 선물하면 좋을 것 같다. 스타트업에 꼭 맞는 내용들로 과하지도 부족하지도 않은 내용으로 정말 스타트업을 경험하며 성장하신 저자분들이 써주신 보물 같은 내용들이 잔뜩 담겨있다.

— 최경희 소풍벤처스 파트너

최근 인사와 조직 문화에 대해서는 많은 책들이 소개되었지만 스타트업 인사조직에 대한 서적은 많지 않아 아쉬움이 있었다. 이 책은 실제 스타트업 현장에 재직 중인 HR 팀장 3인이 자신들의 생생한 현장 경험을 통해 학습한 내용을 매우 실무적이면서도 쉽게 풀어 내고 있다. 스타트업의 인사와 조직관리는 그 규모는 작지만, 각 성장 단계별로 다른 전략을 구사해야 하고, 기존 전통 대기업 조직에서 익숙한 프랙티스와 제도를 그대로 적용하기 어렵기 때문에 그 난이도가 절대 낮지 않다. 스타트업 대표, 경영진, 현장 리더, 인사 구성원들이 어려운 시기를 헤쳐 나가는 과정에서 실무적으로 참고할 수 있는 지침서로 일독을 권한다.

— 황성현 퀀텀인사이트 대표 / 전 카카오 인사총괄 부사장

프롤로그

우리는 왜 스타트업으로 왔을까

많은 이들이 장밋빛 미래를 꿈꾸며 스타트업에 합류한다. 하지만 스타트업은 상황에 따라 몇 개월 만에 완전히 다른 조직으로 탈바꿈하기도 한다.

스타트업의 이상과 현실
그리고 성장

나의 커리어는 조금 독특하다. 20대 이후, '나는 지금 어디로 향하고 있는 걸까'라는 질문을 멈춘 적이 없다. 대학에서 엔지니어링을 전공했지만 세일즈 매니저로 사회 생활을 시작했다. 이후 1인 기업을 3년간 경험하기도 했다. 경력 초기에 다양한 경험을 쌓은 것은 만족스러웠지만 한 분야에 대한 전문성을 쌓는 것에 여전히 결핍을 느끼고 있었다. 그러던 중 지인으로부터 폭발적으로 성장 중인 스타트업에 합류를 제안받았다. 빠르게 성장할 수 있었던 비결과 조직문화가 궁금했지만 동시에 불안감도 있었다. 몇 번의 고민 끝에 일단 로켓에 올라탄 후 나머지를 생각하기로 했다. 커리어를 넘어 인생의 전환점이 되지 않을까 하는 기대감이 일말의 불안감을 잠재웠다.

    처음 겪는 스타트업 생활은 예상보다 더 설상가상 그리고 첩첩산중이었다. 이제는 끝나는 건가 싶다가도 새로운 이슈가 휘몰아쳤다. 전혀 기대하지 않았던 업무를 수행하기도 했고 방향성이나 갈피를 잡지 못할 때도 많았다. 하지만 감탄했던 순간도 많았다. 킥보드를 타고 사무실을 가로지르는 동료들, 밤낮없이 문제에 몰입하는 팀을 보면서 그 열정이 존경스러웠다. 스타트업의 '체계 없음'으로 인한 스트레스도 많았지만 돌아보면 얻은 것이 더 많았다. 특히 복잡하고 불확실한 상황에서 문제를 발견하고 어떻게 해서든 해결하는 역량만큼은 확실히 성장시킬 수 있었다.

많은 이들이 장밋빛 미래를 꿈꾸며 스타트업에 합류한다. 하지만 근황을 물어보면 현실적인 고민과 좌절이 돌아오기 일쑤다. "하루도 조용한 날이 없어요. 오늘 또 일이 터졌어요." "일 년 내내 정신없어 죽겠어요. 사소한 업무들 때문에 중요한 업무들은 건드리지도 못하고 있어요." "저랑 생각이 다른 CEO 때문에 미치겠어요." 나 또한 시리즈 A부터 D까지 다양한 업종의 스타트업을 경험했지만 대부분의 경우 입사 시 가졌던 기대와는 다른 양상으로 흘러갔다. 스타트업은 상황에 따라 몇 개월 만에 완전히 다른 조직으로 탈바꿈되기도 하기에 어쩌면 당연한 결과다.

내가 할 수 있는 최선은 현실을 직면하고 눈앞의 문제를 해결하는 것이었다. 그렇게 다양한 이슈를 처리하며 자연스럽게 근력이 붙었다. "복지를 어떻게 해야 할지?" "평가에서 무엇이 중요한지?" "재택근무, 어디까지 허용할 것인지?" 등 정답이 없는 주제를 다룰 때마다 치열하게 싸우고 토론했다. 내가 제안하는 대로 흘러가지 않을 때도 많았다. 그럴 때는 집에 돌아와서 글을 적었다. 오늘 있었던 상황을 돌아보며 내가 한 행동과 다양한 이해관계자들의 관점 그리고 겉으로 드러나지 않은 잠재적 리스크를 끄적거렸다. 바둑 경기가 끝나고 처음부터 다시 복기를 하는 것처럼 인상 깊은 사건이 있을 때마다 나만의 글을 썼다.

스타트업 성공에 운은 필수 요소다. HR담당자가 좋은 스타트업을 만나는 것도 어느 정도의 운이 필요하다. 하지만 운이 없다고 좌절할 일도 아니다. 어려운 상황에서 고민하고 배웠던 것들은 언젠가 다른 순간에 충분히 활용되고, '스스로 어떤 HR담당자가 되고 싶은지' 정체성을 형성하는 데 영향을 미치기 때문이다. 언젠가는 지금까지 축적된 경험과 생각을 나누며 다른 사람들의 성장을 도울 수도 있다. 나 또한 이번에 글을 쓰는 데 있어 지금까지 경험했던 모든 혼란과 갈등 들이 큰 도움이 되었다. 이 책을 읽는 분들이 잠시나마 공감하고 조금이나마 문제 해결의 실마리를 얻는다면 더없이 만족할 것 같다. 결국 상황이 우호적이지 않을 때는 힘을 키우거나 배우고, 좋을 때는 성과를 내면 된다. 지금도 혼란에 빠져있을 많은 스타트업 HR담당자들의 건승을 빈다. 승리하거나 배울 뿐이다. 실패는 없다.

— 강정욱

스타트업 HR,
여전히 고민은 진행 중

대학 전공 수업 때 귀가 닳도록 들었던 기업의 국제화, 글로벌화의 영향으로 나는 자연스레 세계를 무대로 사업을 영위하는 글로벌 기업에서 일해야겠다는 목표를 가졌다. 이를 위한 노력과 기회가 닿아 한국에 본사를 두고 세계 여러 나라에 법인을 운영하는 대기업에 입사하게 되었다. 그곳은 수직적인 보고 라인과 엄청난 양의 보고 자료 그리고 거대한 프로젝트가 아주 천천히 한 단계씩 승인 받아 진행되는 전형적인 대기업이었다. HR담당자로서 각 해외법인 HR담당자들과 아침저녁으로 하는 컨퍼런스 콜 Conference Call과 서로의 나라에서 진행했던 글로벌 HR 워크숍을 통해 글로벌 업무 문화를 경험할 수 있었다. 또한 다양한 물질적인 혜택은 주니어 HR이었던 나에게 축복으로 여겨졌다.

    보상, 평가, 주재원 관리 등 다양한 업무를 그만그만하게 익히며 입사 8년 차가 되자 루틴하게 돌아가는 업무가 왠지 모를 무료함으로 다가왔다. 이미 글로벌 기업에서 일해보겠다는 나의 목표가 달성된 지는 오래고 그럼 지금 나의 목표는 무엇일까 생각하니 답이 없었다. 대기업에서의 성공은 내가 원하는 대로 만들어지는 것이 아닌, 직급 승진과 그에 따른 연봉 인상이 전부였기 때문이다. 속도의 차이만 있을 뿐 나와 동기의 미래는 별반 다를 게 없었다. 10여 년 후 내 모습 또한 새로울 것이 없겠다는 답답함에 용감하게도 탈출을 감행했다.

이후 개인 사업으로 무겁고 거대한 조직에서 느꼈던 답답함을 충분히 해소한 뒤, 스타트업 고객사에 인재를 추천하는 헤드헌터를 거쳐 본격적으로 전도유망한 스타트업에서 조직의 성장과 함께 나의 경험치도 성장시키리라는 새로운 목표를 갖게 되었다. 그리고 지금 그 한 스타트업에 몸담아 변화를 거듭 중이다.

스타트업 HR 업무는 대기업에서의 그것과 판이하게 다르다. 특히 규모가 작은 초기 스타트업의 경우 HR담당자라는 타이틀 아래 수행해야 하는 역할이 다양하다. 대기업에서는 몇 년을 오직 보상만 담당한다면 스타트업에서는 본인 연차와 관계없이 채용, 보상, 평가, 총무 등 역할을 수시로 넘나들어야 하는 경우가 많다. 또한 보고 라인이나 역할 구분이 명확하지 않고, 그때그때 필요에 의해 업무가 부여되어 혼란스럽거나 업무 체계마저 잡히지 않은 곳이 대부분이다.

외부 환경적으로도 불확실성을 기반으로 하고, 내부에서도 애자일Agile과 혼돈이 공존하는 스타트업 조직에서 HR담당자는 어떤 마인드를 가지고 어떤 역할을 해야할까. 불확실성을 즐기는 유연한 사고방식과 멀티플레이로 조직과 동료의 성장을 지원한다는 원칙은 세울 수 있겠지만, 질문에 대한 답은 사실 오늘도 고민 중이다.

— 김민교

하나에서 열까지 해볼 수 있는 재미, 스타트업 HR

그룹사 인재개발원에서 경력을 시작했다. 당시 공채를 통해 선발되었고 연수의 마지막 날에야 근무 부서와 직무가 결정되었다. 운 좋게도 원하는 부서에서 일을 시작할 수 있었지만 10년 동안 같은 부서에서 근무할 것이라곤 상상도 못 했다. 나는 부서 내에서 누구보다도 히스토리를 잘 알고 있는 터줏대감이 되었다. 대학원에서 HRD를 전공하며 점점 그룹 내 HRD 전문가로서의 캐릭터가 생기기 시작했다. 그럴수록 더더욱 부서 이동은 힘들어졌고, 부서 이동에 대한 관심도 없어졌을 무렵 새로운 기회가 찾아왔다. 디지털 전환을 돕는 디지털 혁신실로 이동하게 된 것이다. 이는 HR이 아닌 전략기획에 가까운 역할이었다.

당시 디지털 트랜스포메이션은 사회 전반적으로 큰 이슈였다. 특히 전통적인 기업에게는 쿠팡이나 카카오와 같은 디지털 기업들의 부상이 큰 도전으로 다가왔다. 스타트업 문화에 점점 관심을 가지기 시작한 것도 이 시기이다. 당시 보고서에는 쿠팡과 같은 전략을 위해 문화가 뒷받침되어야 한다고 쓰여 있었지만, 나는 그것이 정확히 어떤 것인지 알 수가 없었다. 그래서 직접 경험해보기로 결심했다. 안정이라는 가치도 중요했지만 호기심을 이길 수는 없었다.

쿠팡에 입사한 후 HR 전문가 조직에서 전사의 인사평가와 승진을 담당했다. HRD는 경험이 많았지만 HRM은 거의 처음이나 다름없었다. 쿠팡에서는 데이터를 중요하게 생각하는 문화가 특히 인상적이었다. 쿠팡의 리더십 원칙 중 'Influence without Authority'라는 항목이 있다. 지위가 아니라 데이터와 인사이트를 근거로 설득하고 공감대를 형성해야 한다. 데이터가 의사결정에 중요한 기능을 하는 것이다. 하지만 아쉬운 점이 있었다. 채용, 평가, 보상, HRBP, 노무, HRD 등 다양한 부서가 분권화된 역할을 수행하기 때문에 HR에서 거버넌스를 만들고 임팩트가 큰 개선을 만들기는 쉽지 않았다. 나는 HR의 전체를 보고 싶었고 전사적인 임팩트를 만들고 싶었다. 그래서 더 작은 규모의 스타트업으로 옮겼다.

원티드랩에 합류하고 나서야 쿠팡이 대기업이었음을 깨달았다. 성과평가, 교육, 조직문화, 보상, 갈등관리와 이를 해결하기 위한 면담부터 비품 구매와 관리까지 다양한 일이 나를 기다리고 있었다. 훨씬 많은 일을 처리하며 넓은 범위의 업무를 담당해야 했다. 스타트업의 HR은 '체계 없음'을 받아들이고 뼈대를 세우고 틀을 만들어 가는 일이다. 기준과 체계 없음을 각오했지만 당연한 것이 당연하지 않은 것, 나의 상식으로 이해되지 않는 그것을 마주하기 위한 개방적인 태도가 필요했다. 새로운 역할을 받아들이기까지는 시간이 걸렸다.

대기업에서 HR을 할 때 아쉬웠던 점은 HR을 위한 HR을 할 때가 있다는 것이다. 진짜 문제를 정의하지 않을 때도 많았다. 스타트업은 해결해야 할 '진짜 HR' 과제가 너무나 많다. 대기업에서는 HR이 당연하게 하던 일도 스타트업에서는 데이터를 기반으로 설득해야 해결할 수 있는 문제가 많았다. 그 과정에서 깊다고 할 수는 없지만 다양한 영역의 많은 과제를 만날 수 있었다. 한두 분야의 전문가로 머무르는 대신 여러 새로운 작업을 배울 수도 있었다. 흔히 스타트업에는 Multi-Hat 문화가 있다고 한다. 나 역시 인하우스 HR 역할 외에도 보유한 지식과 경험을 살려 강의나 자문 등의 활동을 하며 더 많은 유능감을 느끼고 있다.

　　HR, 특히 스타트업 HR에 있어서 절대적인 정답은 없다. 스타트업의 독특한 작업 방식을 처음에는 이해하기 어려울 수 있지만 그 방식이 바로 그 회사의 핵심 역량일 수 있다. 구성원들과의 긴밀한 협의를 통해 방향성을 설정하고, 그 안에서 조금씩 HR의 구조를 세워나가는 과정에서 스타트업 HR의 복잡성과 주도성이 주는 만족감과 즐거움을 발견했다.

— 윤명훈

1장

오늘부터 스타트업 HR담당자

최선이라고 믿었던 선택은 규모가 커질수록 완전히 틀린 답이 될 수 있다. 스타트업에 환상을 갖게 만드는 빠른 성장과 성장통의 딜레마는 HR담당자로서 크나큰 좌절의 원인이 되기도 한다.

스타트업 HR에 대한 환상

스타트업에 처음 입사했을 때, 조직은 놀랄 정도로 빠르게 성장 중이었다. 몇몇 브랜드가 성공적으로 매출을 내고 있었고 공격적인 마케팅과 파격적인 가격 정책은 업계에서도 혁신적이었다. 기세를 몰아 인수 합병으로 규모를 키웠고 구성원은 어느새 1,000명이 넘어갔다. 폭발적인 성장세를 느낄 수 있겠다는 기대감에 입사 전부터 마음이 들떴다.

안타깝게도 높은 기대 뒤에는 실망도 따라오는 법이다. 입사 후 며칠이 지나지 않아 조직의 어수선함을 직감했다. 사내 교육 및 훈련을 담당하려고 입사했지만 제대로 된 인수인계는 없었다. 업무에 필요한 정보나 자료도 구하기 어려웠고 동료들을 따라다니며 상황을 파악해야 했다. 이미 스타트업이라 부를 수 없는 규모임에도 불구하고 문서화나 체계화가 잘 되어 있지 않았다.

"업무 프로세스가 체계적이지 못하다" "조직문화가 자리잡히지 않았다"는 말은 스타트업의 피할 수 없는 숙명처럼 느껴진다. 차세대 유니콘으로 주목받는 회사 중에서 그에 걸맞는 체계나 프로세스를 갖추지 못한 경우는 너무나 많다. 잠시 멈춰서 생각하기엔 모두 각자의 자리에서 너무나 바쁘다. 이러한 '체계 없음'을 어떻게 바라봐야 할까? 스타트업의 문을 열자마자 휘몰아치는 혼란 속에서 HR담당자들은 무엇부터 시작해야 할까?

'체계 없음'을 바라보는 새로운 관점

조직의 시작은 저마다 비슷하다. CEO를 중심으로 사람들이 모이고 서비스를 통해 매출을 만들고 그 과정에서 시스템이나 프로세스가 자연스럽게 다듬어진다. 즉 스타트업이 갖는 '체계 없음'은 특별한 것이 아니다. 다른 점이 하나 있다면 'J 커브의 빠른 성장'을 추구한다는 사실이다. 기존 기업들이 수십 년에 걸쳐서 축적한 성과를 스타트업은 훨씬 빠르게 따라잡고자 한다. 외부 변화에 더 민감하게 반응하기에 내부 변화도 급격하다. 10명 규모에서 최선이라고 믿었던 선택은 30명 규모에서 갸우뚱할 수 있고, 50명 규모에선 완전히 틀린 답이 될 수 있다. 중요한 건 그 과정을 고작 몇 년 사이에 모두 겪어낸다는 것이다. 스타트업에 환상을 갖게 만드는 빠른 성장과 성장통의 딜레마는 HR담당자로서 크나큰 좌절의 원인이 되기도 한다.

초기 스타트업은 의사결정이 쉽다. 보고서 작성도 굳이 필요없다. 몇 평 되지 않는 사무실에서 서로 자연스럽게 이야기를 나누다가도 좋은 아이디어가 떠오르면 바로 실행할 수 있다. 함께 밤을 새워 만들다 보면 진행 속도는 말할 것도 없다. 하지만 개념 증명PoC, Proof of Concept 단계를 지나 구성원이 늘어나기 시작하면, 지금껏 미뤄놓은 문제들이 수면 위로 떠오른다. 중간 입사자들은 필요한 정보를 찾을 수가 없고 초기 구성원들의 머릿속 암묵지에 의존한다. 그들도 힘든 건 마찬가지다. 고객들의 기대는 높아졌고, 운영이나 장애 이슈를 해소하면서 동시에 입사자를 위한 온보딩까지 함께 해야 한다. 목표에 대한 전사 얼라인은 어렵고 소통 과정에서 속도는 저하된다. 어느 순간 경력직과 리더급이 입사하고 팀 단위로 업무가 진행되면서 정보 공유의 흐름도 달라진다. "우리 회사는 체계가 없어서 속도가 느리다"라는 말이 곳곳에서 들리지만 그것이 진실일까? 어쩌면 과거에는 빨랐기 때문에 생존할 수 있었을 지도 모른다. 극초기부터 장기적 시야를 갖고 체계를 만들었다면 과연 지금까지 생존해 있었을까? 그땐 그것이 최선의 정답일 수 있다.

일의 진전을 위한 회고와 실험

스타트업에 합류 직후 환상이 깨졌다면 어떻게 해야할까? '정답은 없다'는 것을 끊임없이 상기해야 한다. 특히 체계가 잘 잡힌 곳에서 이직한 경우, 모든 문제를 심각하게 받아들이거나 불만을 쉽게 토로하는 경우가 있다. 자칫 '내가 옳다' 혹은 '이것이 정답이다'라는 태도로 접근하면 아무리 좋은 의견이라도 받아들여지지 않는다. 이때, 더도 말고 딱 3개월 뒤를 상상하며 질문을 던져보자. "어떻게 해야 각 팀과 개인별로 일이 진전된다고 느끼게 할 수 있을까?"

모든 것이 불확실한 스타트업에서는 절차나 프로세스Process보다 업무의 진전Progress이 더 중요하다. 책『조직문화 통찰』을 쓴 김성준 박사는 유튜브 영상 <직장인이 성취감을 느끼는 순간의 비밀>에서 많은 직장인이 칼퇴나 월급 통장에 찍히는 숫자보다 '자기가 하는 일에서 한 보 한 보 진전이 있을 때' 행복감을 느낀다고 말했다. 반대로 불합리한 프로세스나 구조로 인해서 일이 진전되지 못할 때 대부분 큰 자괴감과 우울감을 느낀다고 강조했다. 좋은 조직문화란 결국 거창한 무엇이 아니라 지금의 일을 잘 하도록 돕는 과

---

[1] 김성준,『조직문화 통찰』, 클라우드나인, 2019

정에서 만들어진다. 지금 상황에 맞는 체계와 기준을 만들어가되, 너무 거창한 변화나 정답에 집착하지 않는 것이 스타트업 HR담당자가 가져야 할 지혜로운 태도 아닐까.

우리에게 필요한 두 가지 행동은 철저한 회고와 실험을 통한 피드백이다. 조직이 성장할 때는 보이지 않던 문제가 성장세가 멈추면서 두드러지는 경우가 많다. 초기에 취했던 조치들이 규모가 커지면서 발목을 붙잡기도 한다. 이때, 회고를 통해 "지금까지 효과적이었던 조치는 무엇이고 효과적이지 않았던 조치는 무엇인지, 앞으로 일을 잘하기 위해선 어떻게 해야 하는지" 질문하고 하나씩 답해야 한다. 모든 것을 한번에 바꾸려고 하기보다는 구성원의 반응과 피드백을 지속적으로 수렴하면서 함께 만들어나가자. 사람들은 변화 그 자체가 아니라 '변화 당하는 것'에 저항하기에, 의견을 반영하고 최대한 동참시킬수록 저항은 낮아진다. 그렇게 한 걸음씩 전진하다 보면 어느새 더욱 단단해진 조직을 만나게 될 것이다. 스타트업의 '체계 없음'을 새로운 눈으로 바라보자.

스타트업 HR담당자의 역할

상상해보자. 각 팀에서 알아서 채용 공고를 올리고 원하는 방식으로 인력을 채용한다. 승진이나 평가는 리더가 마음대로 하고 조직도 역시 수시로 달라진다. 고성과자라고 특별히 보상이 달라지지 않고 저성과자도 마찬가지다. 전사적으로 지켜야 할 그라운드 룰은 없고, 암묵적인 문화가 있긴 하지만 서로의 입에서 입으로 떠돌아다닌다. 근로기준법을 비롯한 필수적인 규정은 지켜지지 않고 지켜야 한다고 말하는 사람도 없다. 전반적인 조직 분위기 역시 협력보다는 각자도생에 가까우며 주어진 일만 해내기에 급급하다. 모두들 CEO와 팀장들의 입만 쳐다보고 있다.

이러한 조직에서 굳이 HR이 필요할까? 어쩌면 없는 것이 더 효율적으로 느껴질 수도 있다. 실제로 초창기 조직은 규율이나 규칙이 필요없다. 리더의 카리스마로 충분히 운영될 수 있기 때문이다. 하지만 어느 순간부터 조직은 균열을 드러낸다. 조직 가치에 맞지 않는 사람이 채용되고, 구성원은 평가 기준을 묻고 각 부서는 한 방향을 바라보지 못하고 혼란스러워한다. 그제서야 사람들은 HR의 존재 이유를 깨닫는다. 조직이 성장하는 과정에서 '서로 다른 구성원이 단단하게 연결되기 위해선 어떻게 해야 할지' 고민하는 누군가는 반드시 필요하다. 그래서 역설적이게도 HR담당자는 존재할 때가 아니라 사라졌을 때 그 존재감이 드러난다.

HR팀과 HR담당자의 위상은 앞으로 어떻게 달라질까? 이는 조직의 규모 그리고 핵심 인재가 갖는 경쟁력에 비례하며, 시대 변화에 따라서 달라질 수 있다. 지금 시대는 뛰어난 인재가 곧 기업의 유일한 경쟁력이다. 물론 자원이 부족한 우리나라에서 인재는 늘 중요했지만 지금의 상황은 사뭇 다르다. 지금까지는 조직의 많은 요소공장, 사람, 자본, 설비 등가 중요했고 그 중 하나가 사람이었다면, 앞으로 중요한 것은 오로지 사람이다. 이러한 변화는 스타트업 업계에서 더욱 두드러지고 HR을 대하는 사람들의 인식을 변화시키고 있다. 스타트업 HR담당자의 역할은 무엇이고 앞으로 무엇을 준비해야 할까?

첫 번째, 조직을 지키는 'HR 관리 및 운영 전문가'

첫 번째 역할은 'HR 관리 및 프로세스 운영'이다. 기본적으로 채용부터 교육, 평가, 승진, 퇴사까지 전체적인 HR 프로세스를 운영하고 개선하는 것을 말한다. 특히 스타트업 초기에는 근로기준법과 같은 외부 기준에 맞춰 내부 제도를 정비하고 안정적인 기틀을 만들어나갈 필요가 있다. 취업 규칙과 근로 계약서를 꼼꼼하게 관리하고 연차 규정 및 근로 시간을 확립하는 것이 시작이다. 기대 사항을 반영하여 직무기술서를 작성하고 채용 업무에서부터 만들어지는 HR 데이터를 차곡차곡 정리하는 것도 포함된다. 이러한 업무는 HR담당자로서 가장 먼저 접하게 되는 역할이며 '기본기'라고 볼 수 있다.

HR 관리 및 운영 역할은 복잡도가 낮고 반복적이지만 결코 간과해선 안 된다. HR 규정과 프로세스는 구성원 경험의 근간이자 조직 위험 관리에 있어서 핵심적인 역할이기 때문이다. 축구로 비유하자면 '수비수' 역할로 볼 수 있는데, "수비가 약한 팀은 결코 승리할 수 없다"는 격언을 떠올리면 된다. 아무리 구성원들의 이야기를 잘 듣고 전사적인 변화를 주도하더라도 급여나 퇴직금이 한번 잘못 나가거나 불미스러운 일로 특별근로감독이 나오게 되면 지금까지 쌓아온 신뢰는 순식간에 사라질 수 있다. 특히 스타트업에선 자칫하면 사소해보이는 운영을 등한시하고 조직문화 이벤트처럼 외부에서 보기에 그럴듯한 활동을 우선시 할 수 있기에 더욱 주의해야 한다. HR담당자로서 구성원들의 채용부터 퇴사까지 전체 여정을 안정감 있게 관리하는 것만으로도 충분히 의미 있는 역할임을 강조하고 싶다.

두 번째, 구성원들의 문제를 해결하는 '커뮤니케이터'

두 번째 역할은 구성원들에게 관심을 갖고 공감하며 그들의 문제를 해결하는 것이다. 우아한형제들에서는 '우아한 수다 타임'을 통해서 정기적으로 CEO와 소통할 수 있는 시간을 갖는데, 구성원의 요구사항을 듣고 충족시키는 과정을 통해 업무 몰입도와 만족도를 높인다. 커뮤니케이터 역할은 구성원 수가 폭발적으로 증가하는 시기에 더욱 중요해진다. 하지만 조직 규모에 맞춰 잘 소통할 수 있도록 채널을 설계하고 지속적인 관심을 보여주는 것이 결코 쉬운 일은 아니다. 또한 구성원의 불만이나 목소리를 무조건 듣고 반영하는 것이 능사는 아니기에 균형 있는 관점을 터득하는 것이 필요하다. 정기적인 설문을 통해 정량적인 정보를 모으는 것도 중요하다. 구글에서 진행하는 설문인 구글가이스트 Googlegeist는 1년에 한 번 모든 구성원을 대상으로 실시되는데, 이를 통해서 여론을 파악하고 새로운 대안을 내놓는다.

커뮤니케이터의 역할을 축구로 비유하자면 경영진과 리더 그리고 구성원 사이를 쉼없이 뛰어다니는 '미드필더'라고 볼 수 있다. 스타트업 HR담당자로서 커뮤니케이션 역량만큼은 결코 부족해선 안 되며 특히 구두 및 문서 커뮤니케이션 모두 탁월함을 추구해야 한다.

세 번째, 조직을 변화시키는 'HR 비즈니스 파트너'

세 번째 역할은 'HR 비즈니스 파트너 HRBP, Human Resource Business Partner'로서 조직의 혁신과 변화를 관리하는 것이다. 조직 변화가 요구될 때 HR담당자들은 구성원들이 과거의 습관을 버리고 새로운 문화에 적응하도록 돕는 역할을 한다. 조직 변화는 결코 쉽지 않기 때문에 HR담당자의 힘으로 모든 것을 바꾸기는 어렵지만, 그럼에도 지속적으로 조직을 진단하고 교육하며 변화를 독려하려는 시도는 중요하다.

HR 비즈니스 파트너로서 특히 중요한 것은 비즈니스 전략과 HR 전략을 하나의 방향으로 얼라인하는 것이다. 이를 위해선 중요한 비즈니스 의사결정에 적극 참여할 필요가 있다. 예를 들어 글로벌 시장 진출을 고민하고 있다면 그에 맞춰 채용 채널부터 다시 정립해야 하고, 디지털 전환을 모색하는 상황이라면 구성원에 대한 재교육을 비롯해 일하는 방식에 대한 변화를 추진해야 할 수도 있다. 이를 위해 HR담당자는 현재 상황을 누구보다 잘 이해하고 조직의 강점과 약점을 빠르게 분석할 수 있어야 하며 그에 맞춰 전략적 우선순위를 설정하고 추진해야 한다.

이 역할을 축구로 비유하자면 '공격수'다. HR 운영 및 커뮤니케이터 역할보다 HR 비즈니스 파트너는 상대적으로 충분한 경력과 경험이 요구된다. 특히 리더들과 더 긴밀하게 협업하고 리더십을 높이고자 노력하는 것도 중요한데 대기업, 외국계 그리고 스타트업에서 고루 경험을 쌓은 안세현 코치는 "HRBP는 CEO와 리더의 사이 그리고 리더와 구성원 사이에 존재한다. CEO의 생각이 리더와 구성원에게 잘 공유되도록 노력해야 한다"고 리더 그룹과의 협업 역할을 강조했다. 나아가 비공식적인 조직도를 이해하고, 미세한 권력 관계를 포함한 조직 역동성 Organizational Dynamics 까지 파악해서 복잡한 문제를 해결할 수 있어야 한다. 결국 HR 비즈니스 파트너는 다른 HR 분야를 모두 아우를 수 있으면서 비즈니스 문제도 해결해야 하는 고난도 역할이며 앞으로 더욱 중요해질 것이다.

빠른 레벨 업을 위한 조건, 스타트업 HR

프로 축구에서 수비수와 미드필더, 공격수 역할을 모두 잘 해내는 선수가 드물듯 다양한 역할을 균형있게 수행하는 것은 쉽지 않다. 예를 들어 비즈니스 파트너와 커뮤니케이터 역할은 경영진과 구성원 사이에서 갈등 관계를 만들어내기도 한다. 지나치게 경영진 관점만을 강조하게 되면 구성원들이 배신감을 느끼게 되고, 그 반대가 되면 회사에서 기대하는 변화가 이뤄지기 어렵기 때문이다. 변화를 주도하고 규율과 안정을 책임지는 HR의 역할도 마찬가지로 대립될 수 있다. 무엇을 변화시켜야 하고 무엇을 지켜야 하는지 충분한 고민과 명확한 기준이 필요하다.

그럼에도 불구하고 스타트업 HR담당자에게는 이 모든 역할이 요구된다. 조직이 반드시 지켜야할 가치들을 수호하면서도 새로운 변화를 선도해야 하고, 구성원의 목소리에 귀를 기울이면서도 경영진의 방향성을 전사적으로 일치시켜야 하는 것이다. 또한 조직 내 갈등이 있을 때마다 나서서 조율하고 변화의 최적점을 찾기 위해서 끊임없이 소통한다. 매 순간 딜레마 상황에 놓이고 있다면, 모든 결정이 옳은지 그른지 판단이 서지 않는다면, 여러분은 스타트업 HR 전문가로서 일을 잘하고 있는 것이다. 조직 성장만큼이나 빠른 커리어 성장도 덤으로 따라올 거라 믿는다.

스타트업 HR 체크리스트

HR Management

- 상시 근로자 수에 따른 근로기준법을 지키고 있는가? (30인 이상 시, 노사협의회 운영)
- 근로계약서는 규정에 맞춰 잘 작성되고 있는가?
- 연차 제도는 법적 절차에 맞춰 잘 안내 및 운영되고 있는가?
- 급여 및 퇴직금은 문제 없이 안정적으로 지급되고 있는가?
- 취업 규칙이 적법하게 제작 및 소통되고, 제때 신고되었는가?
- 근로시간이 기록되고 있으며, 주 52시간을 초과하지 않도록 운영되고 있는가?
- 병역특례 (전문연구요원, 산업기능요원)는 규정에 맞춰 운영되고 있는가?
- HR 관련 데이터는 누락없이 정리되며, 퇴사자 및 후보자 개인정보는 정기적으로 삭제되고 있는가?

Talent Acquisition

- 우리 조직은 명확한 채용 기준과 인재상이 있는가?
- 채용 브랜딩을 위한 활동은 정기적으로 일어나고 있는가?
- 채용 전, 하이어링 매니저와의 싱크 미팅을 통해 포지션에 대한 기대 사항이 명

확하게 정의되는가?
- ✓ 채용 프로세스는 체계적이고 효율적으로 추진되고 있는가?
- ✓ 채용 채널은 직무에 적합하게 확보되어 운영되는가?
- ✓ 내부 추천 제도가 활발하게 운영되고, 구성원에게 안내되고 있는가?
- ✓ 주요 포지션에 대해서 지속적인 다이렉트 소싱과 커피챗이 일어나고 있는가?
- ✓ 기대 역량에 기반한 구조화 인터뷰가 이뤄지고 있고, 정기적으로 교육하는가?
- ✓ 채용 실패 시, 회고 미팅을 바탕으로 인터뷰 프로세스에서 개선이 이뤄지고 있는가?

HR Development
- ✓ 우리 조직의 인재 육성 철학은 어떠한가? 특히 CEO의 방향성은 무엇인가?
- ✓ 각 직무 및 역량 설계가 잘 되어 있고, 성장에 대한 기대치가 전달되는가?
- ✓ 직책별 리더십 기대 사항이 명확하고, 정기적으로 훈련하는가?
- ✓ 신규 입사자 교육 및 온보딩 프로세스는 구성원들의 적응을 돕는가?
- ✓ 직군별 학습 및 스터디 그룹은 활발하게 운영되고 있는가?
- ✓ 외부 세미나 및 컨퍼런스에 개방적이며 지식이 내부적으로 공유되고 있는가?
- ✓ 사내 교육 포털을 통해서 지속적으로 학습이 누적되고 공유되는가?
- ✓ 핵심 인재 및 저성과자 관리는 HRM과 얼라인해서 이뤄지고 있는가?
- ✓ (글로벌 비즈니스) 구성원들에 대한 외국어 교육 및 이러닝에 대한 지원은 이뤄지는가?
- ✓ 법정필수교육 (성희롱 예방, 장애인 인식 등)은 매년 잘 이뤄지고 기록되고 있는가?

HR Business Partner
- ✓ 조직 비즈니스를 상세하고 명확하게 이해하고 있는가?
- ✓ 외부 시장의 변화와 최근 트렌드를 파악하고 있는가?
- ✓ 주요 재무 항목을 이해하고 있고, 재무 상황을 반영하는가?

- 경쟁사 상황을 제대로 파악하고 있고, 그에 맞춰 전략을 구상하는가?
- 조직을 설계하고 개편하는 데 유의미한 피드백을 전달할 수 있는가?
- 조직 내 갈등을 사전에 발견하고 해결할 수 있는가? 아니면 예방할 수 있는가?
- 리더 및 핵심 인재를 면밀하게 파악하고 적절하게 배치할 수 있는가?
- 각 조직들이 부분 최적화에 빠지지 않도록 하고 한 방향을 바라보도록 할 수 있는가?
- 조직 M&A 시 주의해야 할 사항을 사전에 파악하고 효과적으로 PMI(Post Merger Integration)를 추진할 수 있는가?

1인 HR담당자로 살아남기

스타트업의 성공요소는 무엇일까? 수익을 만드는 비즈니스 모델이나 제품의 혁신만이 성공 요소라고 생각하기 쉽다. 실제로 스타트업에서는 당장 출시할 제품 개발과 기획에 집중하느라 HR은 우선순위에서 밀리기 쉽다. 아니, 어쩌면 시간 낭비처럼 치부되기도 한다. 그러나 스타트업에서 '사람'은 제품 이상으로 중요하다. <CB Insights>[2]가 조사한 스타트업이 실패하는 주요 원인을 보면 팀빌딩 실패가 3위에 올라 있다. 현실은 HR의 중요성을 무시하는 것이 스타트업의 큰 실패를 가져 올 수 있다는 것이다.

제품 개발에 속도가 붙고 새로운 영역의 도전 과제가 생겨남에 따라 우리에게 없는 경험을 갖고 있는 새로운 동료가 필요하게 된다. 한마디로 사람을 모아야 한다. 스타트업은 빠른 성장만큼 필요한 인력이 빠르게 변한다. 작은 인력 규모에 비해 업무 범위는 넓고 상황에 맞춰 새로운 역할을 맡는다. 잘못하면 어려운 시기에 핵심 인력부터 퇴사하기도 한다. 창업자는 평범한 여럿보다는 빠른 성장을 이끌 우수한 한 명을 찾기 마련이고, 이들이 최고의 성과를 낼 수 있는 조직과 문화를 구축하려고 한다.

인원이 10여 명 이상으로 늘어나면 예상하지 못한 새로운 문제 상황이나 도전 과제가 더 많이 생기고 비효율적인 요소가 발견된

---

2 The Top 12 Reasons Startups Fail, CB Insights, 2021. 8. 3

다. 구성원 간 의견 차이가 발생하고 새로 합류한 구성원의 조직에 대한 요구사항이나 불만족이 커지면서, 다양한 이슈가 끊임없이 문제로 제기되기 시작한다. 스타트업 초기부터 HR담당자가 필요한 이유가 여기에 있다.

스타트업의 1인 HR담당자

스타트업 HR은 1인 HR담당자가 HR 실무 전체를 담당한다. 가장 먼저 필요한 것은 반복적이고 단순하지만 매우 필수적인 운영 업무이다. 예를 들면 직원 정보 관리, 급여 관리, 근태 관리 같은 업무를 말한다. 최근에는 스타트업의 초기 HR 역할을 지원하는 원티드스페이스와 같은 B2B HR SaaS가 등장하면서 최소한의 HR 지식과 인원만으로도 어려움을 해결할 수 있다. 그 밖에도 스타트업 HR은 범위를 어디까지 두는지에 따라 총무 업무를 함께 하기도 하고 경영 지원의 한 영역으로 재무 조직 하에 HR담당자 한 명 정도로 운영하는 경우도 많이 있다.

창업 초기에는 HR 경력이 없는 사람이 스타트업에서 HR담당자로 활동하는 사례를 쉽게 볼 수 있다. 사실 스타트업은 30~50명 규모의 조직으로 발전했을 때 HR의 필요성이 가장 크다. 따라서 그 전까지는 경영진 중 한 명이나 재무 회계 또는 경리 담당자, 마케팅 담당자가 HR 업무를 함께 수행하는 경우가 많고 요구되는 HR 업무의 전문성도 높은 수준은 아니다. 대기업이나 중견기업 출신의 HR 경력자가 스타트업으로 이직한다면 1인분의 업무 범위에 입이 떡 벌어진다. 일반 기업의 HR 경력자는 기업 규모에 따라 업무 범위가 조금은 중복될 수 있지만 통상적으로 채용, 급여, 평가,

노무 등 본인의 주요 업무가 정해져 있다. 이런 환경이 익숙한 HR 경력자가 스타트업으로 이직했을 때, 채용 공고에 기재된 업무 범위보다 훨씬 더 광범위한 영역을 커버해야 하거나 담당 업무를 명확히 정의하기 힘든 상황에 직면하면 소위 말하는 멘붕에 빠지게 된다. 일부 스타트업에서는 누구의 업무라고 정하기 힘든 애매한 업무를 HR 업무로 규정짓기도 한다. 일할 수 있는 사람과 자원은 한정되어 있고 사업과 제품에 직결된 사람들의 '허드렛일'을 줄여주기 위해서다.

화성에서 온 대기업 HR, 금성에서 온 스타트업 HR

대기업의 HR 업무는 비교적 명확하다. 보통 인사 업무를 전담하는 팀이 있고 채용부터 퇴직까지 소속 회사의 구성원들과 관련된 업무를 처리한다. 채용, 평가, 보상, 인재개발, 복리후생, 조직문화 등 실제 각 팀에서 하고 있는 업무가 주로 대상이다.

업무의 종류만 놓고 보면 스타트업 HR도 일반 기업과 크게 다르지 않다. 다만 스타트업은 이러한 일들을 최대한 간단하게 처리해야 한다. 리소스가 부족하기 때문이다. 업무의 범위는 넓지만 그 깊이는 대기업과 조금 다르다. 또 우선순위에 따라 유연한 업무 전환이 필요하다. 회사가 급격히 성장해 인원 규모를 증가시켜야 하거나 신사업 추진 등으로 관련 전문 인력이 필요한 경우 HR의 주요 역할은 채용이 된다. M&A나 조직 통폐합 시 서로 다른 배경을 가진 구성원들이 함께 일해야 하는 상황이라면, HR은 새로운 인사 제도와 조직문화를 만드는 것에 중점을 둬야 한다.

스타트업 HR은 해당 기업이 처한 상황과 여건에 따른 유연한 대처 능력이 매우 중요하다. 대기업에 비해 인력 규모는 작고, 업무 범위는 상대적으로 넓기 때문에 CEO의 요구사항을 적시에 수행하려면 번뜩이는 문제 해결력이 반드시 필요하다.

가장 우선되는 것은 역시, 채용

스타트업 HR 채용 공고에서 가장 많이 등장하는 직무는 채용담당자이다. 스타트업 HR 업무 중 채용이 차지하는 비중이 크기 때문이다. 한때 서치펌 출신들이 채용담당자로 대거 등장하기도 했다.

대기업에 비해 스타트업의 채용 과정에서 HR담당자가 가지는 권한은 비교적 크다. 직무 전문성을 확인하기 위한 실무 인터뷰 전후로 채용 후보자와 회사 간 조직 적합성 Culture Fit을 확인하기 위해 HR담당자가 별도의 인터뷰를 하는 경우도 있고, 우수 인재 영입을 위해 직접 채용 후보자를 찾아가서 인터뷰하는 경우도 있다.

스타트업이 일정 수준의 인력 규모를 갖추기 위해서는 채용 업무가 매우 중요할 수밖에 없다. 그러나 스타트업의 채용이 말처럼 쉽지만은 않다. 스타트업은 낮은 인지도, 적은 예산, 유사 기업들과의 비교 시 경쟁력 부족으로 인해 핵심 인재를 확보하고 유치하는 데 매우 큰 어려움을 겪는다. 때로는 사람을 충원하는 것에 급급해 충분한 검증이 이루어지지 않고, 오히려 채용을 하고 난 뒤 조직 적응에 실패하거나 갈등을 가져오는 경우도 있다. 따라서 효율성과 적시성을 유지하면서도 타당한 인재를 채용하는 것이 1인 HR담당자의 가장 중요한 업무라고 할 수 있다.

1인 HR담당자로 살아남기

주어진 업무를 해결하는 것만도 바쁘겠지만 HR 역할을 잘 수행하고 점차 확장해 나가기 위해서는 전체적인 맥락을 살펴봐야 한다.

첫째, 업을 이해하자. 우리 조직의 사업은 시장 내 어떤 위치에 있고 어떤 영역에 핵심 경쟁력을 갖고 있는지 파악해야 한다.

둘째, 조직을 파악하자. 우리 조직은 어떤 사람들로 이루어져 있는지 확인하자. 작은 조직일수록 개개인의 역할과 보유 역량의 수준이 중요하다. 각기 어떤 강점과 어떤 약점이 있고 어떻게 인사관리를 도입해야 이들의 지지를 받을 수 있을지 살펴야 한다.

셋째, 우리 조직의 페인 포인트Pain point를 식별하자. 조직마다 구성원의 요구 사항이 다르게 나타나기 마련이다. 구성원 관점에서 최우선 요구 사항을 먼저 관리해나가며 조직 내 영향력을 넓혀야 한다.

1인 HR담당자로 일하는 것은 장점과 단점이 분명하다. HR 영역에서 자유롭게 스스로 도전적인 과제를 설정하고 시도해 볼 수 있다. 반면 기획한 제도나 방안을 실행함에 있어 다른 구성원들의 도움을 받지 못하고 고립될 수 있다. 그럼에도 성취 욕구가 강하고 주도적인 HR을 경험하고 싶다면 1인 담당자로 스스로 기획하고 실행하면서 빠르게 도전하는 커리어 경험을 추천하고 싶다. 1인 HR담당자는 바다 한가운데 홀로 헤쳐나가는 항해와 같다. 바람의 방향이 계속 바뀌어 앞으로 가는지 뒤로 가는지조차 모르는 상황에서, 주변을 살피며 조금씩 나아간다면 결국 항구를 발견하는 특별한 경험을 하게 될 것이다.

스타트업 HR의 핵심, CEO와의 얼라인

조직을 선택할 때 가장 중요한 변수는 무엇일까? 업종이나 규모, 기대되는 역할, 조직문화도 중요하다. 그중에서도 스타트업 HR담당자에게 가장 중요한 조건은 CEO라고 단언할 수 있다. 소프트뱅크 창업자 손정의는 허름한 목조 건물 한 구석에 사과 박스를 놓고 올라갔다. 그러고는 연설을 했다.

> "매출은 5년 뒤에 100억 원을 돌파하고, 10년 후에는 500억을 돌파할 겁니다. 궁극적으로 1조, 2조 단위로 끌어 올리고자 합니다."

연설을 들은 아르바이트 2명은 다음날 바로 퇴사했다. 스타트업 초기 단계에서 CEO는 아직 검증되지 않은 비전이나 가능성을 말할 수밖에 없다. 그렇기에 담대한 비전에 동조하는 사람들을 찾아 채용하고 일하는 방식을 정의하고 비즈니스 성과를 만드는 등 CEO는 모든 영역에서 의사결정을 하고 책임을 진다. 즉 모든 것이 변수인 스타트업에서 유일한 상수는 CEO이다.

일반적으로 시드 단계에서는 CEO가 첫 번째 HR담당자 역할을 하고, 시리즈 A단계로 넘어가면서 1인 HR담당자를 채용한다. 대략 20~30명 규모를 거치면서 채용 기준이나 규정, 조직문화의 틀이 잡혀나가는데 그렇게 만들어진 기준들은 이후 조직 성장 과정에서 지속적으로 영향을 미친다. 대략 100명이 조직 체계화에 있어서 결정적인 단계이기에, 해당 시점에 합류한 스타트업 HR담당자는 CEO가 지향하는 방향성을 팔로업하면서 때로는 CEO가 인지하지 못하는 영역까지 보완해야 한다. 스타트업 HR을 한 단어로 정의하자면 'CEO와의 얼라인'이라고 봐도 과언이 아니다.

역할 모델로서 CEO의 중요성

보통의 회사에서 CEO는 독립적인 공간에 있기에 구성원들이 직접 만나거나 소통할 일이 거의 없다. 하지만 스타트업 CEO는 사무실에서 함께 일하는 경우가 많고 사소한 행동 하나하나가 구성원들에게 보여지고 영향을 미친다. 이와 같은 조건은 조직 입장에서는 모범적인 역할 모델로서 문화를 구축하는 긍정적 효과를 발휘하지만 자칫하면 부정적인 결과를 낳을 수도 있다.

위계가 강한 전통적인 조직에서 스타트업으로 이직한 팀원이 있었다. 1on1 미팅에서 '두 개의 조직이 문화적으로 가장 다르게 느껴지는 점'이 무엇인지 질문했을 때 돌아온 대답은 다음과 같았다.

"예전 회사에선 CEO가 회의실에 있으면 그 누구도 노크하거나 말걸 수 없었어요. 물론 무슨 일을 하는지 시간표가 공유되어 있는 것도 아니고, 미팅룸을 시간에 맞춰 예약하는 것도 아니었어요. 그냥 CEO는 본인이 쓰고 싶은 만큼 쓰는 거죠. 지금 회사에서 제가 가장 놀랐던 장면은 CEO가 캘린더에 예약된 시간을 넘겨 회의실에 있을 때였는데, 구성원들이 밖에서 빨리 나오라고 손짓하는 모습이었어요. CEO에게 빨리 나오라고 손짓하는 것도 놀랍지만, 시간을 넘겨 미안하다는 말과 함께 서둘러 나오는 CEO가 더 놀라웠죠. 조직문화의 차이를 보여주는 가장 상징적인 장면이었어요."

구성원들을 대상으로 '회의 시간을 지키자!'라고 백번 캠페인을 하는 것보다 CEO와 각 리더들이 직접 이렇게 회의를 하는 것이 100배는 더 효과적이다. 반대도 마찬가지다. HR담당자가 아무리 애를 써도 CEO부터 모범을 보이지 않는다면 많은 시도가 그저 구호에 그칠 뿐이다. 이처럼 CEO와 구성원들이 주고 받는 긴밀한 상호 작용은 HR담당자가 고려해야 할 스타트업의 강력한 강점이자 치명적인 약점이다. CEO를 비롯한 각 리더들이 바람직한 역할 모델이 될 수 있도록 피드백할 필요가 있고, 긴밀한 상호작용을 항시 염두에 두어야 한다.

CEO와의 얼라인을 위한 3가지 방법

CEO와의 원활한 얼라인을 위한 첫 번째 방법은 격의 없는 1on1 대화다. 대화를 통해 CEO가 중요하게 생각하는 것이 무엇인지, 어떤 조직을 기대하는지, 결코 허용되어선 안 되는 행동은 무엇인지 우선적으로 파악할 필요가 있다. 대화 과정에서 CEO가 갖고 있는 암묵적인 가정이나 가치관을 확인하게 되면, '왜 이런 고민을 하는지' 맥락을 더 파악할 수 있는데 이는 구체적인 업무 수준에서도 큰 도움이 된다. 나는 개인적으로 1on1 대화 시 업무에 대한 이야기뿐만 아니라 폭넓은 주제로 대화를 나누려고 하고 CEO를 떠나 한 명의 개인으로서 기질과 성격을 함께 이해해보려고 한다.

두 번째로 CEO가 지향하는 암묵적 가치를 구체적인 키워드로 정의해야 한다. 그 형태는 컬처덱, 조직 구조, 일하는 방식, 사무실

배치 등 다양한 형태로 나타날 수 있는데 이렇게 구체화하는 과정에서 CEO와 구성원들의 '미세한 차이점'을 파악할 수 있다. 예를 들어, '자율'이란 가치에 대해서 CEO가 생각하는 의미와 구성원이 가진 의미는 상당히 다를 수 있다. HR담당자로서 그 차이점을 발견하고 간격을 좁혀나가는 것이 중요하다. 잘 얼라인되어 정리된 미션, 비전, 핵심가치는 조직 내 다양한 오해를 줄이고, 모두 같은 방향을 바라볼 수 있도록 돕는다.

마지막으로 원칙과 규율이 만들어진 이후에 지속적으로 모니터링하고 피드백하는 것도 중요하다. CEO가 본인이 지향하는 가치와 다른 행동을 보일 때는 솔직하게 피드백 할 수 있어야 한다. 더불어 구성원들과 소통 시, 중요한 답변만큼은 CEO와 HR담당자가 사전에 꼭 합의해야 한다. 미리 소통하지 못한 주제에 대해선 "지금은 결정되지 않았으니 나중에 논의 후 답변 드리겠다"라고 답하는 센스도 필요하다.

종종 CEO가 HR담당자와 사전 합의 없이 즉흥적으로 구성원의 요청에 답하는 경우가 있는데, 그런 일이 반복되면 구성원들은 CEO의 입만 쳐다보게 된다. 회사가 아무리 원칙과 규율을 강조해도 그런 상황이 계속 되면 HR담당자는 더 이상 힘을 낼 수가 없다. 역할의 어려움을 충분히 소통해야 하며, 부족한 점을 채워줄 수 있는 비즈니스 파트너가 되기 위해 함께 노력해야 한다.

CEO가 지향해야 할 역할 모델, 알렉산더 대왕

마케도니아의 알렉산더 대왕은 불과 26세의 나이에 왕위에 올랐고, 이후 12년 만에 소아시아 전체를 점령했다. 유럽사 최초로 '대왕'이란 호칭이 주어진 인물이기도 하다. 12년간 치러진 전투에서 연전연승을 거둔 그의 업적 대부분은 군사적 천재성의 결과물이다. 알렉산더 대왕이 일반적인 지휘관과 다른 점은 모든 것을 말이 아닌 행동으로 보여줬다는 것이다. 대부분의 장군들이 전체적인 상황을 파악하고 지휘하기 위해 최후방에 머물지만, 알렉산더 대왕은 늘 빨간 망토를 두르고 최전방에서 전투를 치렀다. 더욱 놀라운 점은 최전방에서 치열하게 싸우면서도 전체적인 시야를 유지하며 군대를 지휘했다는 사실이다. 거의 죽을 뻔한 절체절명의 위기도 많았고, 일반 병사보다 더 많은 부상을 얻었지만 그럼에도 모든 전투에서 맹렬한 기세로 싸웠고 적진을 돌파해 나갔다.

알렉산더 대왕이 보여준 솔선수범과 전체적인 시야는 스타트업 CEO가 지향해야 할 역할 모델이 아닐까. 회의실에 앉아서 의사결정만 하는 것이 아니라 구성원들과 함께 부딪치며 스스로가 역할 모델이 되면서도, 장기적인 관점과 전사적인 소통을 잃지 않는 것이다. 이러한 상황을 만들기 위해선 CEO와 HR담당자의 성공적인 파트너십이 필수이다. CEO 곁에서 솔직하게 피드백 하면서도 수많은 구성원과 소통해나가는 역할이 우리의 것임을 잊지 말자. 승리하는 조직에는 늘 탁월한 HR담당자가 함께한다.

2장

성장 단계별 HR의 역할

스타트업은 마치 빠르게 성장하는 나무와 같다. 처음에는 작고 유연했던 조직이 굵고 튼튼한 가지들로 뻗어나간다. 하지만 이 성장 과정에서 구성원 각자의 역할과 책임이 뒤섞이기 시작한다. 이때에는 기존의 조직 구조가 오히려 발목을 잡기도 한다.

스타트업의 성장 단계별 HR

스타트업은 성장 단계별로 회사 규모, 필요, 구조 및 목표가 달라지며 HR의 역할 역시 확연히 달라진다. 이는 스타트업이 성장하는 과정에서 마주치는 도전과 기회에 맞춰 HR 전략을 조정해야 함을 의미한다. 사업 초기부터 HR전문가가 스케일업을 대비한 조직과 인사제도를 구축했다면 가장 이상적이지만, 스타트업 입장에서 사전 준비는 사실상 불가능하다. 따라서 실제 스타트업이 꾸준히 성장하기 위해서는 그 시기에 적합한 HR의 역할이 필요하다.

창업 초기 단계 (Seed/Startup Stage)

창업 초기 단계에서 조직의 생존과 성장은 소수이거나 전부인 창업자에 의해 달성된다. 이 단계에서 조직은 극한의 한정된 자원으로 최소한의 필수적인 활동을 통해 성과를 극대화해야 하므로 상품서비스이라는 기업가치사슬의 본원적 활동Primary Activities을 수행할 수 있는 인재 영입에 집중해야 한다. 해당 분야와 관련 분야에 관한 업무 수행이 동시에 가능한 확장된 직무 역량과 경험을 보유한 후보자를 찾는 것이 현실적이다. 소위 열정 넘치는 다재다능한 인재 영입에 중점을 둔다. 열정적이고 다양한 역할을 수행할 수 있는 인재가 필요하기 때문이다. 특정 분야에 좁고 깊은 전문가보다는 특정 분야와 유관 분야를 넓고 다양하게 수행할 수 있는 구성원이 불확실한 상황에 빠르게 대처해 생존 확률을 높일 수 있다.

조직문화가 형성되기 시작하는 것 역시 이 단계다. HR은 회사의 핵심가치와 비전을 명확히 정의하고 지속가능한 조직문화를 고민하기 시작한다. HR은 구성원들이 이러한 가치를 일상화하고 일하는 방식과 의사결정 과정에서 반영할 수 있도록 지원한다. 초기에 형성된 이러한 문화는 스타트업이 성장하는 과정에서 팀워크, 혁신 그리고 목표 달성에 핵심적인 역할을 하게 된다. 이러한 일들을 해나가는 데 있어 기본적인 HR 정책과 절차를 수립하기도 한다.

성장 단계 (Growth Stage)

조직의 규모는 창업 초기 단계보다 최소 3배 혹은 5배 이상으로 성장해 직군과 직렬의 명확한 구분이 생긴다. 이 구분된 경계를 기준으로 사람을 채용하고 이로 인해 조직 역시 자연스럽게 구조화된 모습으로 분화된다. 안정적인 운영 자금이 조달되고 제품서비스의 사업화가 증명되어 인력 계획의 불확실성이 낮아진다. 따라서 본원적 활동의 각 영역별로 전문적인 인력 영입이 가능하다.

이 시점부터 각 직무 영역이 명확히 구분된 전문 인력의 내부 포지셔닝과 외부 영입 및 직무 역량 수준별 실무자 채용을 공격적으로 시작할 수 있다. 중요한 것은 여전히 한정된 자원의 효율 극대화를 위해 상대적 우선순위를 어떻게 가져가야 할지 전략적으로 판단해야 한다는 것이다. 조직의 역량을 높여 줄 C레벨을 우선 영입해야 하고 사업의 본원적 경쟁력을 높여야 한다. 외부 영입된 C레벨은 강력한 리더십을 발휘해 조직의 목표 및 관리 방향을 적극적으로 제시하고 설정함으로써 성장을 주도한다. 자칫 잘못하면 최고경영자와 C레벨 간 의사결정 권한과 역할의 갈등이 나타날 수 있다. 경험이 충분한 HR리더를 중심으로 HR팀을 만드는 것도 이 단계에서 해야할 일이다.

확장 단계 (Expansion Stage)

공식화 단계에 들어선 스타트업은 매출을 통한 현금 흐름이 안정적으로 유지되고, MAU와 같은 성장지표가 관성적으로 가속화된 상태로 진입했다는 특징이 있다. 투자 유치 역시 시리즈 B~C를 통해 지속 가능한 자금이 확보되어 조직의 전 영역에서 필요한 계층별 인력 유형을 제약 없이 확보할 수 있는 상태가 된다. 이 시점에서는 조직과 인력의 무분별한 확대를 경계해야 한다. 부서별 이해관계나 합류 시점의 차이로 인한 갈등과 충돌 등 사일로의 폐해가 나타나기 시작하고 회사의 성장 속도를 따라오지 못하는 초기 합류 멤버들의 저성장과 저성과로 한계 인력 문제도 발생한다. 따라서 전 직군에 걸친 C레벨과 단위 리더의 영입을 통한 조직 확대와 동시에 기존 인력의 효율적인 재배치가 필요하다.

창업자는 회사 전반에 관련된 계획과 전력에만 관심을 가지며 기업의 일상적인 운영 사항을 중간관리자에게 위임하기 시작해야 한다. HR제도를 가장 많이 만들어야 하는 시기이기도 하다. 효율적인 업무를 위해 공식적인 제도, 규정, 절차 등의 내부 통제시스템을 도입하고 HR 조직도 인사 운영, 인사 기획, 조직문화, 커뮤니케이션 등 영역별 포지션이 갖춰지기 시작한다. 비즈니스, 직무 특성에 맞춰 현업을 적극적으로 지원할 수 있는 HRBP 포지션을 만들기도 한다. HR 조직 구성에 대한 많은 논의와 시도들이 이루어진다.

성숙 단계 (Maturity Stage)

성장의 속도가 빠른 경우 5년 내외, 늦어도 10년 전후로 도달하는 단계이며 이미 기업은 중견기업 수준의 성숙도가 나타나는 단계이다. 핵심 사업은 시장에서 안정화됨과 동시에 치열한 경쟁 상황에 접어들었고, 조직은 전형적인 관료화의 부작용이 드러나는 시점이기도 하다.

이 과정에서 지나친 형식주의가 나타나기도 한다. 조직은 서서히 관리될 수 없을 만큼 비대해지고 복잡해진다. 창업 단계에서 합류했던 구성원 중 일부만이 남아 있고 대부분의 업무 프로세스는 시스템화됐으며 모니터링을 통해 효율과 생산성 제고를 고민하는 시기다. 상시 구조조정과 신규 채용, 인력 재배치 역시 매우 활발하게 일어나므로 인사 부서의 중요성과 업무 영역 역시 매우 고도화되는 상태이다. 창업 초기 핵심 구성원이나 C레벨이 이탈하고 더 높은 수준의 대체 인력을 채용해야 할 수도 있다. 장기적인 인력 계획을 수립하기도 하며 직원 만족도와 참여를 높이고 우수 인재를 유지하는 전략을 개발한다.

HR은 비즈니스의 다각화를 효과적으로 지원할 수 있도록 조직별, 기능별로 세분화되어 이전보다는 서로 간의 역할과 책임을 명확히 정의하고, HR 조직이 어떻게 하면 효율적이고 효과적으로 운영될 수 있을지 운영 체제에 대한 고민이 필요하다. 가장 큰 변화는 단순히 필수적인 기능에 따라 조직을 형성하는 것이 아닌 회사의 차별화된 경쟁력을 갖추기 위한 HR 조직으로의 변화다.

그때는 맞고 지금은 틀리다

조직의 성장 단계별로 HR이 처한 환경과 해결해야 하는 문제가 달라지고 해법도 달라진다. 예전의 성공 경험이 현재의 변화에 방해가 되기도 한다. 조직의 상황에 맞춰 HR의 기대 역할과 필요 범위를 정확히 진단해 투입해야 한다. 과거의 정답을 과감하게 버릴 수 있어야 한다.

스타트업의 단계별 HR 전략에서 가장 중요한 것은 유연성과 적응력이다. HR담당자들은 변화하는 시장 환경, 기술 발전 그리고 조직 내부의 동적인 요구 사항에 민감하게 반응해, 실시간으로 전략을 조정하고 새로운 해결책을 모색해야 한다. 과거의 성공 사례에만 의존하기보다는 현재와 미래의 도전적 상황에 맞는 창의적이고 혁신적인 접근 방식을 채택해야 한다. 스타트업의 성공적인 성장과 발전은 유연하게 변화를 받아들이고 새로운 가능성을 탐색하는 HR의 진화에 달려 있다고 할 수 있다.

빠른 조직 성장과 높은 인재 밀도

"사람들이 좋아하는 제품을 만들어라. 뛰어난 사람들을 고용하라. 그 외에 무슨 일이 필요하겠나? 다른 것들은 모두 가짜 일일 뿐이다."
— 브라이언 체스키, 에어비앤비 CEO

스타트업 HR담당자의 지상 과제는 핵심 인재의 영입이다. 이때 중요한 트레이드 오프Trade-off가 발생하는데, 바로 채용의 정확도와 속도다. 채용 기준을 낮추고 싶어하는 CEO는 없을 것이다. 하지만 급한 업무가 산적한 상황에서 기약도 없는 후보자를 마냥 기다리는 것은 쉬운 일이 아니다. 끝까지 타협하지 않을 것인지, 이 정도 선에서 타협할 것인지, 매 순간마다 선택의 딜레마를 겪게 된다. 내가 경험한 스타트업은 채용의 기준이 매우 높아서 아무리 현업에서 급한 사정이 있다 해도 적합한 인재로 판단되지 않으면 서둘러 채용하지 않았다. CEO 인터뷰에서 탈락되는 비중도 상당했고 이러한 방향성이 전사적으로도 널리 알려져 있었다. 불만을 가진 리더나 구성원도 있었지만, 훌륭한 동료로부터 오는 동기부여를 체감했기 때문에 CEO 판단은 충분히 존중될 수 있었다. 한마디로 조직의 인재상에 맞춰서 인재를 영입하는 조직이었다.

다른 스타트업에선 정확도보다 속도가 더 강조되었다. 인재에 맞춰 조직도를 그리는 조직이었다. CEO가 뛰어난 리더를 영입하면 그 사람이 추구하는 방향성에 맞춰 조직이 개편됐다. 사실상 리더에게 채용에 대한 전권이 위임되었고, 리더는 자신의 팀원을 입맛대로 채울 수 있었다. 스타트업의 낮은 인지도로 쉽게 채용할 수 없는 경력직 구성원을 채용할 수 있다는 점이나 채용 속도가 빠르다는 점은 큰 장점이다. 더불어 서로 협업 경험이 충분히 쌓였기 때문에 새로운 조직임에도 불구하고 빠르게 성과를 낼 수 있었다. 하지만 신중하지 못한 채용 과정으로 인해 조직문화적으로 갈등이 생기는 경우도 발생했다. 조직의 미션이나 비전에 동조해서 합류한 것이 아닌 리더와의 관계로 합류했기 때문에 추후 한꺼번에 이탈하여 위험을 초래할 가능성도 컸다. 기존 초기 멤버들과 갈등을 빚을 가능성도 무시할 수 없다.

정확도와 속도, 무엇이 정답일까?

대부분의 경영 서적에서는 시간이 걸리더라도 적합한 사람을 채용하는 것을 강조한다. 짐 콜린스는 책 『좋은 기업을 넘어 위대한 기업으로』[3]에서 "위대한 기업은 버스를 어디로 몰고 갈지 생각하고 난 다음에 사람을 태우는 것이 아니라, 적합한 사람을 버스에 먼저 태우고 난 다음에 어디로 갈지 생각한다"고 말했다. 적합한 인재를 채용하는 것이 조직의 비전보다 더 중요하다는 것이다. 반면 링크드인을 창업한 리드 호프먼은 책 『블리츠스케일링』[4]에서 가장 적합한 사람이 아니라 '지금 바로' 필요한 사람을 채용하라고 강조한다. 어차피 스타트업은 모든 상황이 불확실하기에 "다음 단계에 도

---

[3] 짐 콜린스, 『좋은 기업을 넘어 위대한 기업으로』, 이무열 옮김, 김영사, 2021
[4] 리드 호프먼 & 크리스 예, 『블리츠스케일링』, 이영래 옮김, 쌤 앤 파커스, 2020

달할 수 없다면 아무리 적합한 사람이 채용되더라도 무슨 소용이 있냐"고 반문한다. 스타트업 세상에선 속도가 유일한 가치이며 다른 가치는 속도를 위해서 희생되어야 한다는 논리다.

여러분의 생각은 어떠한가? 두 가지 다른 관점을 제시했지만 늘 그렇듯 HR에 정답은 없다. 결국 채용에 대한 철학과 판단은 오롯이 CEO의 몫이자 책임이다. 짐 콜린스 말마따나 인재에 대한 정확도를 추구하다가 속도를 놓쳐서 다음 단계까지 진입하지 못하게 될 수도 있고, 반대로 리드 호프먼 말처럼 속도를 추구하다가 비전과 조직문화에 맞지 않는 인재를 채용해서 장기적으로 발목을 잡히게 될 수도 있기 때문이다.

나 역시 두 가지 상반된 사례를 모두 경험하면서, 인재 채용이야 말로 'CEO가 지향하는 가치가 무엇인지' 잘 보여주는 리트머스 종이라고 확신할 수 있었다. 다만 조직문화를 중시하는 HR 관점에서는 채용 시 좀 더 보수적인 의사결정을 피력할 때가 많았다. 기대 사항이 명확하지 않은 상태에서 일단 채용하고 보자는 태도를 경계했다. 그럼에도 불구하고 승리하는 방법은 결코 한 가지가 아니라는 것 역시 잊지 않으려고 애쓴다.

어떻게 해야 초기 구성원의 변화를 관리할 수 있을까?

구성원이 늘어나면 양적 변화와 함께 질적 변화도 일어난다. 물론 페이스북에 인수될 당시 1억 명이 넘는 사용자를 보유하고서도 조직 구성원이 고작 13명이었던 극단적 예외 사례인스타그램도 있지만, 통상적으로는 비즈니스 규모에 맞춰 조직 규모가 따라가는 경향이 있다. 책 『블리츠스케일링』에선 이러한 조직 변화를 가족-부족-마을-도시-국가로 비유한다. 각 단계에 맞춰서 선호되는 인재가 달라지고 기존 구성원들과 맺는 관계도 역동적으로 바뀐다. CEO 역할 역시 달라지는데 조직 성장에 따라 카멜레온 같은 변화가 필요하다. 가족 규모1~10명에선 직접 성장 레버를 당겨야 하지만 부족 단계10~100명에선 레버를 당기는 사람을 관리해야 한다. 마을 단계100~1,000명로 넘어가면 조직을 설계해야 하며, 도시 단계1,000~10,000명에서는 목표와 전략을 잘 설정하는 것이 중요하다. 마지막 국가 규모10,000명 이상에서는 멈춰야 할 조직 혹은 제품과 새롭게 시작해야 할 조직 혹은 제품에 대한 판단이 훨씬 중요해진다.

도표 1. 비즈니스 규모에 따른 CEO 역할

조직	인원	특징
가족	1~10명	CEO가 직접 성장 레버를 당긴다.
부족	10~100명	레버를 당기는 사람을 관리한다.
마을	100~1,000명	레버를 당기는 조직을 설계한다.
도시	1,000~10,000명	목표와 전략에 대한 수준 높은 결정을 내린다.
국가	10,000명 이상	멈춰야 할 조직 혹은 제품, 새롭게 시작해야 할 조직 혹은 제품을 잘 판단한다.

출처: 『블리츠스케일링』

CEO 역할이 바뀌듯 구성원 역할도 바뀐다. 규모가 작은 스타트업에서는 적응력과 책임감이 뛰어난 구성원이 필요하다. 불확실하고 잦은 변화에도 빠르게 적응하고, 주어진 일을 폭넓고 책임감 있게 처리해야 하기 때문이다. 하지만 조직이 성장함에 따라 업계 경험과 직무 지식이 풍부한 전문가가 더 필요하다. 없던 체계를 빠르게 만들기 위해 대기업 출신의 경력직을 영입하는 경우도 많은데, 넓은 업무 범위에 대한 기대를 사전에 얼라인할 필요가 있다. "아니, 내가 이런 일까지 해야 되는 거예요?"라고 본인의 역할에 선을 긋는 경력직들도 많은데, 그런 경우보다는 차라리 경험은 부족하지만 밑바닥부터 좌충우돌 성장해 온 사람을 채용하는 것이 나을 수 있다. 충분히 성숙된 비즈니스에선 전문성이 뛰어난 리더를 경영자로 삼지만, 모든 것이 불확실한 신사업에선 전문성보다는 열정과 에너지가 넘치는 리더에게 경영자 역할을 맡기는 경우가 많다. 모든 상황에서 뛰어난 인재는 없다.

조직 성장 시, 초기 구성원이 겪을 심리적 영향도 관리해야 한다. 스타트업 초기 단계에서는 회사 방향성이 투명하게 공유되고 더 많은 구성원이 중요한 결정에 참여할 수 있다. 하지만 어느 순간부터 정보는 잘 공유되지 않고 경영진과의 심리적 거리도 멀어진다. 그 과정에서 초기 구성원은 이제 더 이상 스스로가 중요하지 않다고 느낄 수도 있다. CEO는 초기 구성원의 심리적 변화를 충분히 공감하는 것과 동시에 앞으로의 변화와 기대 사항을 명확하게 상기시켜야 한다. 특유의 열정적인 태도가 전사적으로 영향을 미치도록 하되 새로운 경력직들의 전문성과 경험은 적극 받아들여서 함께 성장하도록 기회를 열어주는 것이다.

인재 밀도를 높이는 방법

스타트업이 폭발적으로 성장하는 시기, 승패를 가르는 것은 조직의 인재 밀도다. 구성원이 늘어난다고 해서 반드시 전사 생산성이 늘어나는 것은 아니다. 모두 한 방향을 바라보지 못하거나 갈등을 초래하게 될 경우, 굳이 채용하지 않는 것만 못할 때도 많다. 실리콘밸리에서 다양한 스타트업을 경험한 한기용 CTO는 한 강연에서 "조직이 성장하는 데 있어서 역설적으로 초기 구성원들이 걸림돌이 되는 경우가 많다"고 지적했다. 초기 구성원 입장에선 "나보다 뛰어난 인재를 내가 잘 관리할 수 있을까?"라는 생각이 들 수 있으며, 이 상황이 충분히 두렵고 위협으로 느껴질 수 있다는 것이다. 그때 자칫하면 본인이 쉽게 관리할 수 있는 인재를 채용하게 되는데 그러한 결정이 쌓이면 인재 밀도는 낮아지고 어느 순간 커뮤니케이션 비용은 폭발적으로 높아지게 된다. 빠른 성장에 맞춰 인재 밀도를 함께 높이지 못하면 그저 그런 조직이 되거나 망해버리고 마는 것이다.

한기용 CTO는 두 가지 사례를 모두 경험했다. 한 회사에서는 초기 구성원들의 역량이나 경험이 아주 훌륭했지만 그들은 자신보다 더 뛰어난 인재를 뽑으려 하지 않았고, 채용하더라도 잘 활용하지 못했다. 새로운 경력직들이 합류했지만 짧은 시간 내에 어떤 지원도 없이 스스로를 증명해내야만 하는 스트레스에 놓였다. 게다가 CEO와 초기 구성원의 관계가 너무 끈끈한 바람에 새로운 목소리에 귀를 기울이지 않았고, 결국 필요한 조직 변화도 만들어내지 못했다. 반면 다른 회사에선 앞선 사례와 달리 초기 구성원의 역량이 그리 뛰어나지 않았다. 하지만 특별한 텃세도 없었기에 이내 좋은 인재가 영입되면서 성장했고 나스닥 상장까지 이룰 수 있었다. 결국 CEO를 비롯한 초기 구성원들은 자신보다 뛰어난 인재를 위협적인 존재로 느낄 것이 아니라 동료로서 잘 적응하도록 도와야 한다. 러시아 마트료시카 인형처럼 '지금 어떤 사람을 뽑을지'에 대한 선택이 조직의 향방을 결정할 수 있다.

경력직 영입은 어떤 기준으로 이뤄져야 할까? 조직은 스스로를 어떻게 변화시켜야 할까? 답은 명확하다. 성장형 마인드셋Growth Mindset을 갖춘 사람을 채용하고 조직 스스로도 그러한 마인드셋을 갖춰야 한다. 지금까지 우리가 해왔던 방식을 의심하고 회고하며 변화를 수용해야 한다. 채용을 예로 들면 스타트업 초기에는 CEO가 본인 성향과 닮거나 익숙한 인재를 영입할 가능성이 높다. 하지만 이러한 선택이 반복되면 어느 순간 역동이 사라지고 성장은 정체된다. HR담당자는 CEO 및 현업 리더들과 긴밀하게 소통하며 인재에 대한 기대치를 정의할 필요가 있다. 핵심가치와 인재상에 대해서도 되돌아봐야 하며, 어떤 항목은 여전히 중요하게 다루되 어떤 항목은 수정할 필요도 있다. 그렇게 경력직 채용을 위한 새로운 기준과 프로세스를 만들고 다양성을 수용한다면 건강한 역동을 만들어낼 수 있을 것이다.

어렵게 영입한 뛰어난 인재들이 조직에 잘 적응하도록 돕는 것은 채용만큼 중요하다. 그때 적절한 권한 위임과 더불어 경험에 대한 존중이 필요하다. 모 회사에 입사 후 얼마 되지 않은 상태에서 리더십 워크숍을 준비한 적이 있다. 당시 어떻게 해야 할지 고민이 많았고 CEO에게 어려움을 토로했을 때 이런 대답을 들었다.

"충분히 어려우실 거라 생각해요. 하지만 저를 포함한 우리 중 누구도 답을 몰라요. 그러니 일단 한번 시도해보면 되지 않을까요?"

CEO가 털어놓은 '누구도 답을 모른다'는 말에서 커다란 심리적 안전감을 느꼈다. 답이 없으니까, 일단 최선의 대안을 찾아서 시도해보면 될 일이었다. CEO의 사려깊은 조언으로 충분히 존중받는다는 느낌이 들었고 더 열심히 준비할 수 있었다.

누구나 일터에서 필요한 사람이 되고 싶고 또한 존중받고 싶다. 극초기에는 CEO가 구성원들의 세부 업무까지 관리해야 하지만 조직이 성장할수록 방향성을 공유하되 구체적인 과제는 스스로 할 수 있도록 해야 한다. 새로운 인재에 대한 존중과 기존 구성원의 성장이 선순환으로 작동할 때 인재 밀도는 높아질 수 있다. 그 변화의 시작은 "그 누구도 답을 모르니, 함께 찾아보자!"라는 열린 마음이 아닐까?

성장에 따른 조직 구조의 변화

스타트업은 창업자 혹은 지분을 공유한 공동 창업자 팀에서 시작한다. 소수가 똘똘 뭉쳐 하나의 제품을 만들어내는데 그들의 지상 과제는 오로지 고객에게 가치를 전달하는 것이다. 10명으로 구성된 극초기 스타트업을 경험한 적 있다. 역할과 책임을 굳이 나눌 것도 없이 모든 구성원이 하루하루 벌어지는 문제를 해결하기에 바빴다. 즉 스타트업의 첫 번째 조직 형태는 CEO를 중심으로 한 강력한 목적 조직 Mission based team이다.

매출을 만들거나 시드 투자를 받게 되면 조직이 성장하는데 이때부터 리더들은 자신의 업무를 나누고 기능을 고도화하기 위해서 팀원을 채용하기 시작한다. 그 과정에서 각각의 기능 조직 Functional team이 늘어난다. 기능 조직은 전문화된 인재들로 구성돼 전문성을 확보하고 자원을 활용하는 측면에서 강점을 가진다. 경력직을 채용하기 어려운 스타트업 특성상 주니어가 많을 수밖에 없는데, 팀으로서 소속감을 공유하고 동료와 함께 학습해 나가면서 어려운 시기를 버틸 수 있다.

처음에는 효율적으로 보였던 기능 조직도 어느 순간 불만이 쌓이게 된다. 경험적으론 대략 50명 규모부터 시작된다. 창업 초기에는 하나의 팀으로서 오로지 고객에게 집중했지만 어느새 제한된 영역을 담당하면서 볼멘소리가 나온다.

"우리가 스타트업에서 일하고 있는 게 맞나요?"

"매번 리더를 통해 해야 할 일을 공유받아야 하는데 너무 비효율적이에요."

"각 팀별로 소통하고 조율하느라 일의 속도가 나지 않아요."

다양한 팀에 걸쳐진 이해관계자들로 인해 의사결정이 느려지고 일에 대한 의미와 책임감도 느끼기 어렵다. CEO와 각 리더들 그리고 HR담당자의 고민이 깊어진다.

도표 2. 기능 조직과 목적 조직 강약점 비교

	기능 조직	목적 조직
강점	·단순한 구조 및 리더십 ·소속감 및 전문성 향상 ·효율적 자원 활용 ·공통 기능 개발 및 표준화	·고객 중심적 사고 ·원활하고 빠른 커뮤니케이션 ·프로젝트 속도 및 책임감 향상
약점	·고객보다 기능 중심적 사고 ·팀 간 소통과 조율의 어려움 ·목적 조직에 비해 프로젝트 속도 및 책임감 저하	·높은 수준의 프로덕트 매니저 리더십 요구 ·전사 관점에서 비효율적 자원 활용 ·공통 기능 개발이나 전사 차원의 문제 해결의 지연

기능 조직과 목적 조직의 딜레마, 어떻게 해결할까?

이제 목표는 분명하다. 스타트업으로서 예전의 치열함과 활력을 되찾고, 팀으로 좁혀진 시야를 다시 고객에게 돌리는 것이다. 목적 조직은 공동의 목적을 가진 다양한 기능의 구성원Cross functional team들로 구성된다. 그리고 프로덕트 매니저Product Manager가 제품에 대한 폭넓은 권한과 책임을 가지며 소속 디자이너와 개발자들의 몰입을 이끌어낸다. 고객이 명확하다는 점은 목적 조직의 가장 큰 강점이다. 요구 사항에 민첩하게 대응할 수 있고, 외부 의존도가 낮기에 팀 내에서 빠르게 의사결정도 가능하다. 잘 조직화된 목적 조직은 사실상 작은 스타트업처럼 기민하게 움직일 수 있다. 하지만 시간이 지나면서 구성원들의 이런 목소리가 늘어난다.

> "전문성을 키우기 어려워요."
> "전사적으로 고민되어야 할 인프라 과제는 늘 미뤄져요."
> "기술 부채는 계속 쌓여가는데 팀은 기능 개발과 속도에만 우선순위를 두고 있네요."

또한 각 목적 조직별로 시니어 개발자가 필요하기 때문에 필요한 포지션도 확연히 늘어나고 채용이 활발하게 일어난다. 빠르게 채용해 달라는 요청이 끊이지 않고, 채용한 인원을 어느 팀에 배치해야 하는지 눈치 싸움도 적잖게 벌어진다. HR담당자는 바빠지지만 CEO 관점에선 기능 조직에 비해 훨씬 늘어난 인력이 부담이다. 목적 조직에서 인력 중복 및 비효율 문제는 필연적으로 발생하기 때문이다. 즉 기능 조직의 강점이 곧 목적 조직의 약점이 된다.

과거 100명 정도의 스타트업에서 목적 조직을 운영한 사례가 있는데, 하나의 팀에 프로덕트 매니저Product Manager와 엔지니어링 매니저Engineering Manager가 동시에 존재하고, 팀 내에 서비스 기획자나 디자이너, 개발자가 모두 모여서 협력하는 구조였다. 만약 개발자 출신의 프로덕트 매니저라면 기술 스택에 대한 논의 및 개발자 리소스 관리도 원활하게 할 수 있겠지만 그런 경우는 드물다. 그렇기에 시니어 개발자이자 관리자인 엔지니어링 매니저가 기술적인 의사결정을 비롯해 소속 개발자를 채용하고 평가하는 역할까지 담당함으로써 팀의 안정감을 더해줬다. 꽤 성공적으로 목적 조직을 운영할 수 있었다.

기존 사례를 바탕으로 다른 스타트업에서도 유사하게 조직 개편을 추진했다. 하지만 기대했던 변화가 일어나지 않았다. 그 이유는 리더십과 인력 구성의 차이였다. 목적 조직은 각각의 팀원이 본인 역할을 책임감 있게 수행해야 하지만, 새로운 조직에선 인턴과 주니어가 너무 많은 상황이라 위임이 쉽지 않았다. 더불어 프로덕트 매니저의 역량에 따라 팀 성과가 좌우되는데, 목적 조직을 원활하게 이끌 수 있는 시니어 프로덕트 매니저를 채용하는 것도 쉽지 않았다. 기능과 목적 조직의 방향성이 다르다보니 구조뿐만 아니라 문화적으로도 갈등을 겪었다. 이러한 현실적 이유로 기능 조직에서 목적 조직으로 바로 전환하는 것은 어려우며, 대부분 매트릭스 구조Matrix structure라는 중간 대안을 탐색한다. 스타트업 조직 구조는 결코 완벽한 정답이 없다. 오로지 지금 상황을 해결하고 더 나아지기 위한 해답이 있을 뿐이다.

매트릭스 조직의 효과적인 운영 노하우

여러분의 조직에선 '스쿼드Squad, 챕터Chapter, 트라이브Tribe'라는 조직 단위를 사용하는가?

글로벌 음원 스트리밍 서비스 스포티파이Spotify를 사용하지 않더라도, 스타트업 HR담당자라면 익숙하게 들을 수 있는 단어다. 한때 이상적인 조직 관리 방법론으로 불리던 스포티파이 모델은 2012년 헨릭 나이버그Henrik Kniberg와 앤더스 르바르선Anders Ivarsson이 <Scaling Agile@Spotify> 백서를 소개하며 세상에 알려졌다.

짧게 요약하자면, 스쿼드는 통상 8명 이하의 다양한 직군으로 구성되며 제품의 기획과 개발, 출시를 책임진다. 업무 수행 방식과 의사결정에 대한 권한을 부여받아 더 기민하게 시장에 대응한다. 트라이브는 다수의 스쿼드가 모인 집단이며, 스쿼드 간의 협력을 용이하게 하고 정기적으로 업무와 성과를 공유한다. 챕터는 동일한 전문성을 가진 사람들이 모여 각 스쿼드에서 발생한 문제나 지식을 공유한다. 더불어 애자일 코치Agile Coach는 업무 프로세스를 지속적으로 개선하는 역할을 담당한다. 구조의 핵심은 스쿼드의 자율성을 극대화하면서 직군별로 전문성을 놓치지 않기 위해 다양한 장치를 마련하는 것인데, 두 마리 토끼를 모두 쫓기 위해 노력했다.

하지만 실제 내부 구성원들의 목소리를 들어보면 지나치게 자율성을 강조해서 실패했다는 의견이 많다. 최종 목표는 얼라인되면서도 자율적인 조직Aligned Autonomy이지만, 상충하는 가치를 조율해야 하는 매트릭스 조직 운영은 결코 쉽지 않기 때문이다. 이론적으론 완벽하게 보이지만 현실적으로는 복잡도와 난도가 높은데, 특히 정합성 있는 목표 설정이 어렵고 역할과 책임도 불명확할 수 있다. 각각 2명의 리더가 존재하기에 중요한 역할을 누구에게 어떻게 맡겨야 할지 HR담당자로서 섬세한 고민이 필요하다. 예를 들어 근태 관리와 평가의 권한을 목적 조직 리더가 맡느냐, 기능 조직 리더가

도표 3. Alignment enables Autonomy

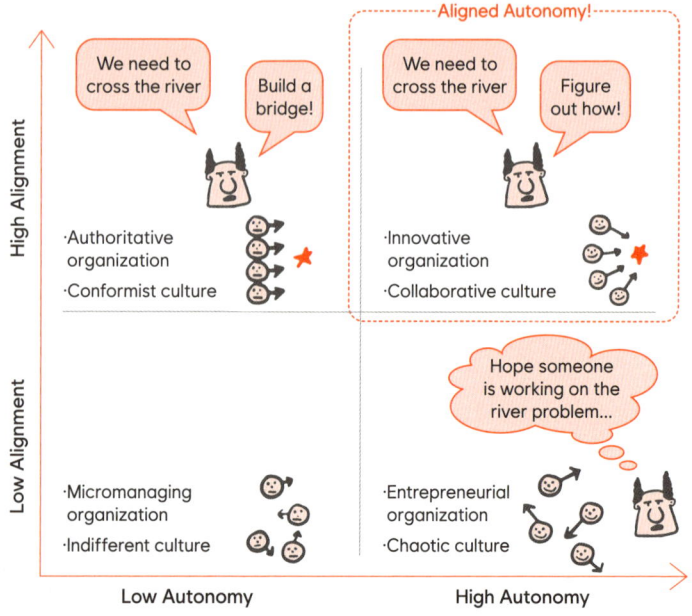

출처: <Scaling Agile@Spotify>

맡느냐에 따라서 조직이 강조하고자 하는 메시지는 달라진다.

매트릭스 구조는 기능 중심과 목적 중심으로 한 번 더 구분되며 자세한 내용은 <도표 4>와 같다. 기능 중심에서 목적 중심으로 전환하는 과정에서 중요한 것은 프로덕트 매니저의 '역할 범위'와 '평가 권한'이다. 기능 중심은 기존의 리더십 체계를 유지하면서 팀으로서 소속감을 부여하는 것이라면, 목적 중심은 팀 소속감을 훨씬 더 중요하게 여기고 사실상 목적 조직처럼 운영하게 된다. 이때 프로덕트 직군과 개발 직군의 보이지 않는 갈등이 있을 수 있는데

도표 4. 매트릭스 구조 강약점 비교

	기능 중심 매트릭스	목적 중심 매트릭스
특징	·프로덕트 매니저의 권한이 상대적으로 약하고, 기능 조직 관리자가 여전히 리더 역할을 함. ·프로덕트 매니저는 주로 프로젝트를 리딩하는 역할을 담당하며, 다른 기능의 팀원들 평가 시, 조언하는 역할을 함.	·프로덕트 매니저의 권한이 상대적으로 강함. ·프로덕트 매니저가 조직 방향과 자원 배분에 대해 의사결정함. 다른 기능의 팀원들을 직접 평가. ·기능 조직 리더는 프로젝트를 지원하고 인력을 채용하고 육성하는 데 초점.
강점	·기능 조직의 강점 (전문성 및 전사적 과제 수행)을 유지할 수 있음.	·목적 조직으로서 다른 팀과 다른 자체 규정이나 문화를 만들기도 하고, 강력한 소속감을 부여함. ·목표에 몰입하고, 속도가 높아짐.
단점	·최초에 의도했던 목적 조직으로서 강력한 소속감과 추진력을 갖기 어려움.	·기능 조직의 약점이 커짐. ·많은 권한 부여로 인해 전체 최적화가 어려워질 수 있음

HR담당자로서 균형과 중재가 필요하다. 전사적으로 어떤 목표를 이루고자 하는지, 어떤 가치를 더 중요하게 여기는지에 따라 권한 부여 방법과 비중이 달라진다. 예를 들어 "미션 팀에 속한 각 구성원은 미션 팀에 제1의 소속감을 갖고 업무에서 더 높은 우선순위를 둔다"라는 그라운드 룰로 우선순위를 명확히 정할 필요가 있다.

매트릭스 조직 운영 시, HR담당자로서 꼭 챙겨야 할 것을 정리하자면 다음과 같다. 첫 번째, 역할과 우선순위를 명확하게 정의해야 한다. 이를 위해선 '조직 운영을 어떻게 할 것인지'를 문서로 정리하고 회의를 통해 합의를 이루는 것이 중요하다. 구성원들이 궁금할 만한 질문을 미리 준비해서, FAQ 형태로 만들어두는 것도 좋다. 두 번째, 매트릭스 조직에서는 다양한 팀과 부서 간의 협력이 필수적이다. 그래서 조직 개편 기간에 HR담당자는 가만히 자리에 앉아있으면 안 된다. 앞선 예시처럼 갈등이 일어날 수 있는 상황을 미리 고민하고, 리더들 및 구성원들과 1on1 대화를 통해 발 빠르게 균형과 중재를 이뤄낼 수 있어야 한다.

　마지막으로 리더십 강화를 위해 고민해야 한다. 매트릭스 조직을 잘 운영하는 것은 쉽지 않으며, 그만큼의 리더십 역량이 요구된다. 각 팀의 리더 역시 지금 당장 무엇을 해야 하는지 모를 수 있기에, HR담당자는 리더십 역량을 강화하는 교육 및 코칭을 제공하여 팀 리더들이 효과적으로 팀을 이끌 수 있도록 지원해야 한다.

　매트릭스 조직 운영은 결코 쉽지 않고 정답도 없는 주제다. 정기적으로 멈춰서서 생각해보자. "우리 조직이 효과적으로 운영되고 있는가? 전사적으로 하나의 목적을 바라보기 위해선 어떻게 해야 할까?" 누구나 알고 있는 정답이 아닌, 우리만의 해답을 찾기 위해 치열하게 고민하는 것이 유일한 방법 아닐까?

조직개편이 필요할 때

스타트업은 마치 빠르게 성장하는 나무와 같다. 처음에는 작고 유연했던 조직이 굵고 튼튼한 가지들로 뻗어나간다. 하지만 이 성장 과정에서 구성원 각자의 역할과 책임이 뒤섞이기 시작한다. 빠르게 변하는 시장 상황에 맞춰 나아가려 하다 보니 기존의 조직 구조가 오히려 발목을 잡기도 한다. 스타트업에서 조직개편이 필요할 때에는 다음과 같은 징후가 나타난다.

첫째, 업무가 중복되고 의사결정이 지연된다. 명확하지 않은 역할로 업무 중복과 자원 낭비가 발생하고 책임 분배로 인해 중요한 의사결정이 늦어진다. 누가 어떤 결정을 내려야 하는지 불분명하기에 갈등이 쌓인다.

둘째, 커뮤니케이션이 원활하지 않고 프로세스가 비효율적으로 돌아간다. 과거에 효율적이었던 조직 구조는 어느 순간부터 의사소통의 장벽이 생기는데, 팀 간 정보가 적절히 전달되지 않고 잘못된 정보에 기반한 결정이 내려지기 시작한다. 전사적으로 프로젝트는 많아지는데 완성도는 떨어진다.

셋째, 구성원들의 사기 저하가 눈에 띄고 나아가 혁신이 와해된다. 조직 구조의 불안으로 인해 구성원들은 앞으로의 비전에 의문을 제기할 수 있다. 스타트업의 가장 중요한 장점인 민첩성과 혁신력이 비효율적인 조직 구조로 인해 저해될 수 있는 것이다.

너무 잦은 조직개편은 안하느니만 못하다

조직을 다시 정비하기 위해 경영진과 HR은 조직개편을 추진하게 된다. 문제는 조직개편이 지나치게 자주 일어날 수 있다는 점이다. 적절한 변화가 없는 것도 문제지만 너무 잦은 조직개편은 부작용을 초래할 수 있다.

첫째, 구성원의 업무 안정성과 사기에 부정적인 영향을 미친다. 구성원들은 새로운 역할, 책임 그리고 팀 동료에게 적응하는 데 시간이 필요하다. 빈번한 개편은 이러한 적응 과정을 방해하며 자신의 역할에 대해 불확실함을 느끼게 만든다. 업무에 대한 명확한 이해와 효율적인 수행을 저해할 뿐만 아니라, 구성원의 만족도와 로열티를 감소시킬 수 있다. 너무 잦은 조직 변화는 구성원 사이의 팀워크와 협력을 어렵게 하며 전체적인 업무 효율성에 부정적인 영향을 미친다.

둘째, 자원이 낭비되고 프로젝트 속도를 저해한다. 조직 목표와 방향성이 계속해서 변한다면 장기적인 계획과 전략을 세우기 어렵다. 이러한 불확실성은 프로젝트 방향성을 자주 변경시킬 수 있으며 이는 자원 낭비와 프로젝트 완성 기간의 지연을 초래한다. 조직개편 시점에 구성원들은 일에 몰입하지 못한 채 어느 조직에 소속되는지 누구와 협력하게 되는지 파악하는 과정에서 비공식적 커뮤니케이션이 활발하게 일어나 시간과 에너지를 많이 소비하게 된다. 그나마 조직개편의 방향성이 명확하고 커뮤니케이션도 원활하게 일어나면 다행이지만, 만약 불투명하고 비합리적인 의사결정이라고 판단되면 조직개편 이후에도 한동안 좋은 성과는 나오지 않는다.

마지막으로 기업 문화와 정체성 확립에도 부정적인 영향을 미친다. 스타트업의 성공은 강력한 기업 문화와 정체성에 크게 의존한다. 빈번한 조직 변화는 직원들이 공유하는 가치와 목표를 형성하는 것을 어렵게 만들며, 장기적으로 조직의 일체감과 소속감을 약화시킬 수 있다. 연구에 따르면,[5] 80% 이상의 조직개편이 원하는 가치를 계획된 시간 내에 전달하는 데 실패하고, 10%는 회사에 실질적인 피해를 준다고 한다. 따라서 조직개편은 충분한 준비와 적절한 프로세스를 통해 추진되어야 한다. 조직은 쉽게 부수고 조립할 수 있는 기계가 아닌 유기체라는 점을 명심하자.

올바른 조직개편 프로세스

조직개편은 개인과 팀, 전사 차원에서 동시에 변화가 이뤄지며 모든 구성원이 영향을 받기 때문에 민감성과 전략, 예측을 바탕으로 진행되어야 한다.

첫 번째 단계는 비즈니스 목표와 조직 문제를 명확하게 정의하는 것이다. 특히, '조직개편이 왜 필요한지' 이유와 달성 기준을 필수적으로 정해야 한다. 만약 아직 비즈니스 전략과 방향성이 명확하지 않다면, 섣부르게 조직개편을 수행하기보다는 좀 더 문제 의식에 머무르는 것을 권한다. 꼼꼼한 분석을 위해 구성원들로부터 피드백을 수집할 필요도 있다. 구성원이 가진 인사이트를 포함해 현재의 리더 그룹이 변화를 제대로 수행할 수 있는 상태인지도 함께 파악해야 한다. 많은 회사들이 조직개편으로 구성원이 받을 영

---

[5] Blenko, M. W., Mankins, M. C., & Rogers, P. (2010). The decision-driven organization. Harvard Business Review, 88(6), 54-62.

향을 간과하는데 현재 상태를 감안하지 않고 무리하게 변화를 추진하면 부작용이 훨씬 커진다.

두 번째 단계로 새로운 조직 구조를 시나리오별로 설계해봐야 한다. 대략적으로 3~5개의 시나리오가 나올 수 있다. 앞서 언급한 기능과 목적, 매트릭스 조직의 장단점을 고려하여 조직도 초안을 설계한다. 특히 수직권한과 직책과 수평팀의 구분 기준을 정리하고, 실제 리더들과 구성원을 배치해봐야 한다. 애매하게 해석될 수 있는 기준은 명확한 지침을 제공해서 이해 관계자가 동일하게 이해할 수 있도록 해야 한다. 또 리더 그룹과 구성원이 보유한 기술과 경험을 고려하다 보면 내부 리소스로 불충분하다는 결론이 나올 수 있다. 이때에는 외부에 있는 인재까지 염두에 두고 조직을 설계할 필요가 있으며, 자연스럽게 채용 계획도 함께 도출되어야 한다. 다양한 토론을 마쳤다면 최종적으로 CEO의 단호한 의사결정이 필요하다. 구성원 모두가 행복한 조직 개편은 없다. 일부 구성원들의 불만을 감수하더라도 메시지를 명확하게 전달할 필요가 있다.

세 번째 단계로 조직 구조가 결정되었다면 그에 따른 구체적인 운영안이 필요하다. 이때 경계해야 하는 것은 소수의 리더가 이야기를 나누고 결정하는 것이다. 초안 자체는 CEO를 비롯한 리더로부터 나올 수밖에 없지만, 일상적인 운영 업무나 인적 네트워크에 대한 이해를 가진 중간급 관리자나 구성원들의 의견 역시 들어보아야 한다. 이때 HR담당자의 역할이 중요한데 다양한 이해관계자들과 부지런히 소통하며 실제로 조직이 운영되었을 때 어떻게 될지 계속 상상해야 한다. 크게는 리더 권한에서부터 작게는 팀 회식비를 어떻게 운영하는지까지 논의해야 할 많은 요소가 있다. 특히 근태 관리나 평가의 주체는 누구인지, 회의는 어떤 주기와 방식으로 진행할지 등 구체적인 조율이 필요하다. 전사적으로 조직도를 공유하기 전에 조직 변화가 큰 구성원을 대상으로 1on1 미팅을 미리 챙기는 것도 중요하다. 구성원들이 소외되는 일이 없도록 HR담당자로서 섬세한 커뮤니케이션 능력을 발휘해야 한다.

네 번째, 조직 구조를 전사적으로 알리고 질의응답을 진행한다. 의사소통과 투명성을 최우선 과제로 삼아야 하는데, 어쩌면 조직개편의 성공 여부에 가장 큰 영향을 미치는 단계일 수 있다. 성공적인 조직개편을 위해선 모든 관계자의 협력이 필요하기 때문에 변화가 가져올 결과를 구성원들에게 명확히 설명해야 한다. 조직도와 역할의 책임을 상세히 공유하고 구성원과의 공개적인 소통을 통해 질문에 답하고 실행을 지원한다. 직원들의 피드백을 적극적으로 수렴하고 조직개편이 가져올 긍정적인 변화를 강조한다. 구성원들과 토론하면서 더 나은 아이디어가 도출되기도 하는데 이러한 참여를 통해 자발적인 헌신을 이끌어낼 수 있다.

섬세한 소통의 중요성

조직개편은 조직을 변화시키는 가장 강력한 방법이고 많은 구성원에게 새로운 가능성을 제시할 수 있다. 회사에 새로운 동력을 불어넣고 구성원에게 활력을 찾게 하고 더 큰 성장을 가능하게 할 수 있다. 그러나 충분한 계획과 투명한 의사소통이 없다면 불가능하다. 특히 중요한 조직개편이라면 가용할 수 있는 모든 채널로 소통해야 한다. 전사 회의와 메신저, 이메일은 기본이고 구성원들이 토론하고 생각을 교류하도록 하기 위해서 비공식적 조직도를 충분히 이해할 필요도 있다. 사내 비공식 채널에서 네트워크 허브 역할을 하는 구성원들을 통해 많은 메시지가 전달되는 만큼 이들과 좀 더 밀접하게 맥락을 공유하고, 섣부른 오해가 없도록 오버 커뮤니케이션해야 한다. 무플보다는 악플이 낫다. 비난하더라도 공개된 자리에서 나눌 수 있어야 더 건강한 조직이다. 익명 채널을 통해서만 부정적인 정보가 공유되면 도리어 부작용이 커진다. 계획도 중요하지만 꼼꼼한 실행과 지속적인 모니터링, 피드백이 더 중요하다.

구조는 전략을 따르고 전략은 상황에 따라서 달라지기에, 모든 것이 변화하는 스타트업의 조직 구조 역시 움직이는 유기체와 같다. 나는 매월 타운홀 미팅에서 "이번 달에도 어김없이 조직 구조가 달라졌다. 다음 달도 달라질 것이다. 우리의 숙명이고, 가장 효과적으로 일하는 방법을 계속 고민할 것이다"라고 말한다. 스타트업 상황이 어려워지고 비용 절감이 중요해진다면 목적 조직에서 기능 조직으로 전환하는 것이 더 바람직하듯, 절대적으로 지향해야 할 이상적인 조직 구조는 없다. 지금 상황에 맞는 대안과 변화가 있을 뿐이다. 주어진 상황에서 공동의 목표를 바라보고 상호 책임감을 가질 수 있도록 조직 구조를 설계하고 소통해보자. 까다롭고 섬세한 커뮤니케이션이 요구되는 과제지만 HR 비즈니스 파트너로서 훌쩍 성장하는 경험이 될 것이다.

3장

스타트업 인재 영입 전략

창업 초기에는 인재 영입 속도가 다소 느릴 수 있지만, 장기적인 관점에서 비즈니스 본질에 집중하고 일하는 방식 정립, 목표 수립과 같은 조직문화를 만들고 고도화시키는 것이 중요하다.

초기 성장 조직의 인재 영입 전략

시리즈C 투자 단계의 어느 플랫폼 서비스 창업자의 이야기이다. 그는 과거 대학원을 다니면서 알게 된 친구들과 사업 아이디어를 내어 창업을 결심했다. 아이디어를 바탕으로 간단한 앱을 만들어 시장성을 확인한 후 본격적으로 투자자를 찾아 다니며 서비스의 성장 가능성을 홍보했다. 아이디어를 제품으로 만들고 고객의 반응을 확인하는 과정에서 희열도 있었지만, 투자 받기 전까지 짧지 않은 기간 동안 막연한 기다림으로 버티던 몇몇 동료들이 본인의 진로를 찾아 떠났다. 개발을 맡았던 동료마저 연봉을 이유로 다른 회사로 이동했다.

플랫폼을 만드는 핵심 인력인 개발자의 이탈에 당황한 창업자는 여기저기 개발자를 수소문했다. 그때 막 조직에 합류한 영업 담당자가 고등학교 동창이 모 대기업에서 개발을 했던 것을 기억하고 친구에게 전화를 걸었다. 창업자는 안정적인 대기업에서 근무하고 있는 그 친구를 영입하기 위해 저녁 늦게 그의 집 앞으로 찾아가기로 했으나, 하필 투자자와의 미팅이 늦어져 약속 시간보다 한 시간이나 늦고 말았다. 개발자는 미안함에 어쩔 줄 몰라 하는 창업자의 모습에서 오히려 진정성을 느끼고 해당 기업에 호감을 가지게 된다. 사업 성장성에 대한 궁금증으로 스타트업 창업자 이야기나 들어볼까 하고 왔던 개발자는 이 사람과 비즈니스를 하면 정말 재미있게 일할 수 있겠다는 확신이 생겼고 즉각 합류를 결정했다.

창업자의 아이디어와 산업의 성장 가능성을 높게 본 투자자들의 관심으로 마침내 시리즈 A단계의 투자가 이루어졌다. 창업자는 영업 담당자와 그의 친구인 개발자 외에도 마케팅 영상을 제작하기 위한 제작자도 영입하게 되었는데, 제작자 역시 개발자와 막역한 사이였다. 공동창업자와 초기에 합류한 동료의 친구와 그 친구들이 초창기 드림팀이 되어 본격적으로 성장을 위한 먼 항해를 시작하게 되었다. 열정과 단단한 팀워크로 무엇이든 이뤄낼 강한 기세를 만든 것이다.

고객 관심이 이끈 규모의 성장

스타트업의 숙명은 성장이다. 그 어떤 창업자도 자신의 아이디어로 시작한 스타트업 성장에 상한선을 두지 않는다. 스타트업계에서 문샷Moon shot이라는 단어가 흔히 쓰이는 것도 그런 연유일 것이다. 플랫폼 서비스를 제공하는 IT기반 스타트업의 경우 처음에는 창업자와 공동 창업자, 개발자 한 명, 디자인과 제품을 함께 담당하는 실무자 한 명, 마케팅 담당 한 명 이렇게 작은 팀으로 시작한다. 그 후 점차 마켓에서 고객의 관심을 받고 MAU가 늘어남에 따라 고객의 문제를 더 깊게 파고들어 전략을 세우고 디자인의 편의성을 고민하며 고객 데이터를 분석해 나갈 실무자를 추가 영입하게 된다.

기능별로 한 명씩 시작한 조직은 점차 30여 명 이상의 조직 규모로 늘어나 작게나마 팀이 구성된다. 팀이라 함은 한 기능 조직 내에서도 시니어와 주니어의 구분이 생기게 됨을 의미한다. 시니어가 전략적인 계획을 세우며 회고를 이끄는 동안 실무를 담당하는 주니어들이 영입되면서 조직 규모가 더욱 성장하게 된다. 물론 대전제는 이 스타트업이 제공하는 서비스에 대한 고객의 호응이 점차 늘어나고 고객의 플랫폼 방문과 요구 조건도 더욱 많아지는 성장의 과정을 걷고 있다는 것이다.

이제 개발, 디자인, 제품 각 기능 조직별로 팀이 구성되고 리딩하는 시니어를 중심으로 점차 조직 규모가 커진다. 동시에 PO, 개발자, 디자이너가 한 팀으로 구성되는 목적형 조직에서도 고객의 니즈별, 도메인별로 더욱 고도화된 제품을 만들 수 있는 토대가 마련된다. 스타트업마다 조직 운영 구조는 기능형 조직, 목적형 조직 혹은 기능형과 목적형을 하이브리드로 운영하는 조직으로 다양하지만, 성장하는 조직은 개발 주기를 반복적으로 실행하며 보다 고도화된 제품을 고객에게 제공한다. 그동안 리더는 리더로서의 성숙도가 높아지고 주니어는 더 많은 경험으로 성장하고 새로운 주니어도 꾸준히 영입되어 조직의 질적 성장과 더불어 규모 면에서도 성장을 이루게 된다.

조직의 성장은 구성원의 성장으로부터

팀 규모의 성장이 지속되고 전체 인원이 150여 명에 달하는 조직이 되면, 리더는 리더로서의 더 많은 경험과 성장이 필요해진다. 초반에는 실무형 리더였더라도 이제는 구성원의 성장과 코칭, 매니징에 집중하는 성장을 리더 스스로 원하게 된다. 이때 조직이 성장 기회를 제공하지 못하면 더 큰 조직으로 새로운 기회를 찾아 떠나는 경우가 많다. 팀 구성원도 마찬가지이다. 지속적으로 새로운 제품을 만들고 기술적 성장이나 고객 경험을 개선시키는 과정에서 성장을 원하게 된다.

사업과 조직 규모가 성장해나가는 스타트업에는 어떤 인재가 필요할까? 바로 성장 DNA가 탑재된, 성장 욕구가 충만한 인재이다. 성장을 위해서는 많은 시도와 실패, 이로 인한 배움과 성공 경험이 필요하다. 성장 욕구가 충만한 인재라면 회사가 직면한 여러 문제를 기피하기보다 현재의 문제 해결을 위해 당장 어떤 전략을 실행해야 하는지 본능적으로 머리와 마음과 손이 먼저 움직일 것이다. 문제 발생 시 "자, 어떻게 해결해 볼까요?"라며 동료를 모으고 함께 고민하여 해결해 나가는, 밤을 새워 고군분투하는 경험을 성장의 밑거름이라 생각할 것이다.

스타트업 규모가 커짐에 따라 보다 큰 조직에서 많은 경험을 한 인재를 영입하는 경우가 많다. 큰 조직에서의 경험이 작은 스타트업의 스케일업에 촘촘한 가이드를 제공할 거라고 기대하기 때문이다.

그런데 유명한 IT대기업에서 스타트업으로 이직하는 인재는 무엇 때문에 스타트업을 선택하는 것일까? 십수 명이 패기로 모여 여유로운 간식은커녕 점심 식대마저 지원되지 않는 스타트업도 많은데, 대기업의 안락한 복리후생제도를 뒤로 하고 무슨 일이든 다 해야 하는 스타트업에 오는 이유는 바로 자신의 성장을 위해서다. 작은 조직을 스케일업 해가는 과정을 통한 성장 말이다.

작은 조직으로 막상 이동했는데 인터뷰 시 들은 일하는 방식과 실제가 다른 경우가 있을 수 있다. 조직이 유연하지 않거나 성장 에너지가 적으며 방향성이 오락가락할 경우 영입된 인재는 결국 다른 기회를 찾아 나가고 만다. 결국 성장하는 스타트업에게 너무 소중한 인재도 성장욕구를 가진 인재이며, 인재에게 가장 중요한 것 역시 성장의 기회다.

성장지향형 인재 영입하기

이러한 성장지향형 인재들은 어떻게 조직에 합류하게 될까. 앞서 말한 것처럼 초기 스타트업은 창업자를 중심으로 최소한의 멤버로 시작한다. 창업 초기에는 비즈니스 방향과 성장에 공감하는 인재를 영입하는 것이 중요하다. 따라서 창업자의 지인이나 그 지인의 추천을 통한 채용이 일반적이다. 아직 시장에서 인지도가 높지 않기 때문에 채용 플랫폼을 이용한다고 해도 지원자 수가 많지 않다. 따라서 초반에는 인재 영입 속도가 다소 느릴 수 있지만, 장기적인 관점에서 비즈니스 본질에 집중하고 일하는 방식 정립, 목표 수립과 같은 조직문화를 만들고 고도화시키는 것이 중요하다. 초기 단계에는 당장 서비스를 기획하고 실행하는 인재 위주로 채용이 진행된다.

점차 조직이 커져가면 일하는 방식의 고도화를 주도할 실력 있는 인재를 영입해 조직 성장을 이끌 필요가 있다. 이때 영입된 인재는 단순히 팀을 리딩하는 정도의 매니징 능력이 아닌, 글로벌 IT기업이나 유니콘 또는 데카콘 스타트업의 성장을 경험하거나 OKR을 성공적으로 실행해본 굵직한 경험치를 보유한 인재여야 한다. 이러한 인재는 사내 추천이나 채용담당자의 끈질긴 구애 등으로 채용되는 경우가 많다. 이들은 조직 규모에 따라 C레벨 혹은 여러 팀 리더를 이끄는 상위 리더로 자리잡는다.

핵심 인재인 새로운 리더가 조직에 등판하게 되면, 그간 조직별로 묵혀있던 난제들이 여기저기 모습을 드러낸다. 신임 리더의 코칭에 따라 이전보다 더 고객의 문제에 귀를 기울이기도 하고 비효율적인 업무 방식이 바뀌기도 하며, 회사가 추구하는 핵심가치와 인재상이 보다 더 조직 속에 깊숙이 전파된다. 이러한 긍정적이고도 혁신적인 변화에 대한 기록은 다양한 채널을 통해 외부로 알려지고 입사 제안을 받은 후보자에게 회사에 대한 진짜 정보로 자리 잡는다. 실제로 많은 후보자들이 "블로그의 글을 보고 입사를 결정하게 됐다"고 말하거나 입사 후에도 "블로그에서 봤던 OO님과 함께 일하게 되어 영광이에요"라고 소감을 밝히기도 했다. 이처럼 핵심 인재인 새로운 리더가 조직을 한 단계 끌어올리는 과정에서 후보자들의 궁금증과 호기심을 자극하게 된다. 즉 새로운 후보자를 자신있게 영입할 기초 체력이 갖춰진 셈이다.

이제 기업의 내실은 다져졌다. MAU도 성장하고 있고 서비스에 대한 바이럴도 확산되며 고객이 만족과 불만의 여러 메시지를 쏟아내는 희망과 혼돈의 시기도 다가왔다. 이 과정 속에서 일하는 방식이 고도화 되었고 우리 조직만의 문화도 정립되었기에, 이제 적극적으로 우리 조직에 맞는 후보자를 영입하면 되겠다.

스타트업 채용의 A-Z

초기 단계의 스타트업 대표들로부터 HR과 조직 구성에 대한 문의를 받는 경우가 종종 있다. 지인 소개로 30여 명 규모 스타트업의 대표를 만나기 위해 사무실을 방문한 적이 있다. 사무실 안에는 구성원들이 옹기종기 모여 각자 일을 하거나 함께 모여 논의하는 모습이 보였다. 활기차고 열정적이기보다는 차분한 분위기의 조직이었다. 이 조직은 아직 HR담당자 없이 대표가 직접 채용하여 현재의 규모가 되었다.

　대표는 지금까지 대부분의 인원을 본인이 직접 채용 플랫폼을 통해 다이렉트 소싱Direct Sourcing해왔다며, 자신이 원하는 인재를 직접 채용 하는 것이 시간은 많이 들지만 속은 편하다고 했다. 이런저런 이야기 중에 구성원들이 휴가는 마음대로 쓰면서 업무 공백은 챙기지 않는다는 하소연이 나왔다. 편히 휴가를 쓰라고 말은 했지만 업무 공백이 잦아 이제 관리를 해야하나 고민이 된다는 것이었다. 추측컨대 유연하고 수평적이고 자유로운 조직문화를 표방하고 싶으나 오히려 마이크로매니징에 가까운 관리형 조직을 원하는 듯했다. 점점 구성원들이 원하는 것과 대표가 추구하는 방식에 간극이 벌어지는 시점임이 느껴졌다. 대표는 이제 HR담당자를 채용해 조직문화, 채용, 급여 등 모든 업무를 맡길 생각이라 했다. 앞으로 이 조직에 올 HR담당자를 상상하니 할 일이 무궁무진하겠구나 싶어 머리가 살짝 지끈거렸다.

인재 영입은 채용담당자가 주도하기

이 회사의 대표처럼 스타트업 채용 시 비용이나 포지션 이해 측면에서 가장 기본적이고 본질적인 방식이 다이렉트 소싱이다. 초창기 스타트업의 경우 규모 50여 명이 될 때까지도 대표가 다이렉트 소싱을 하는 경우가 있다. 물론 인재를 채용하는 HR에 대한 창업자의 생각이 다를 수 있고, 조직에 필요한 인재를 대표가 가장 잘 알기에 직접 후보자를 찾는 것일 수도 있다. 다이렉트 소싱을 누가 하느냐와 상관없이 채용 플랫폼을 통해 이력서를 받는 것보다 다이렉트 소싱을 통해 적합도가 높은 인재를 만날 확률이 훨씬 높다. 회사 내부 직원의 일하는 방식이나 문화, 한 포지션에서 요구되는 직무 적합도에 대한 이해가 높고 어떤 후보자가 우리 문화에 더 잘 맞을지를 가장 잘 이해하고 있기 때문이다.

조직이 적정한 규모로 성장하면 채용담당자가 다이렉트 소싱을 진행하는 것이 적합하다. 조직에 필요한 좋은 인재를 채용하는 것은 단순히 직무 적합도에 대한 이해뿐만 아니라 회사의 브랜딩에서부터 후보자 경험, 채용 단계별 리드타임 등 채용 전체 사이클을 모니터링하고 전담할 드라이버가 필요하기 때문이다. 채용의 A부터 Z까지 모든 디테일을 현업이 시급한 시니어나 바쁜 창업자가 챙기기엔 분명 무리수가 있다.

우수 인재 영입을 위한 채용담당자의 필수 역량

채용담당자는 회사를 대표하는 사람이다. 따라서 다이렉트 소싱을 진행할 때 무엇보다 회사에 대한 이해와 애정을 필수로 갖춰야 한다. 후보자가 회사에 대한 정보를 접하고 회사에 관심을 갖게 되는

데에도 채용담당자의 역할이 지대하다. 때로는 채용담당자의 설득으로 지원서를 제출해 인터뷰 단계까지 가기도 한다. 이 과정에서 채용담당자가 후보자에게 회사와 직무에 대한 정보를 단순히 전달하는 것에 그친다면 후보자는 다른 수많은 스타트업 중 하나의 채용 공고 정도로 인식할 것이다. 후보자는 채용담당자와 소통하면서 채용담당자가 회사에 대해 애정을 가지고 있는지 쉽게 느낄 수 있다. 만일 채용담당자로부터 회사에 대한 애정이 느껴지지 않는다면 후보자에게 이 회사는 합류하고 싶은 매력적인 선택지가 아닐 것이다. 누구나 재직 중인 직원이 만족하는 회사로 이직하고 싶어한다. 회사 평판 앱에서 보는 10개의 리뷰보다도 직접 만난 재직자 한 명의 평이 더욱 확실하기 때문이다.

 좋은 구성원을 영입하기 위해서는 채용담당자로서의 자질과 역량 또한 중요하다. 회사에 대한 애정과 더불어 평소에 다양한 사람과의 소통을 즐기고, 본인만의 인재풀을 만들어 가는 이가 채용담당자로 적합하다. 커뮤니케이션 능력도 필요하지만 중요한 것은 얼마나 진정성 있게 소통할 수 있느냐다. 채용담당자와 이야기하는 후보자는 본인의 커리어를 만들기 위해 이직이라는 일생일대의 중요한 상황에 있다. 후보자의 입장에서는 채용담당자의 말 한마디와 태도가 때로는 희망으로 때로는 상심으로 이어질 수 있다. 회사에 관심을 가져준 후보자에게 감사한 마음을 가지고 진정성을 담아 소통한다면 입사를 고민하는 후보자의 마음을 잡을 수도 있고, 비록 입사를 거절하더라도 회사에 대한 좋은 인상을 심어줄 수 있다. 채용담당자 역할의 본질은 후보자의 마음을 움직이는 것이기에 진정성 있게 소통하고 항상 후보자를 위하는 마음을 갖는 것이 가장 중요하다.

커뮤니케이션의 기본은 진정성

포지션을 제안받고 채용담당자와 소통하며 지원을 고민하고 인터뷰를 진행하고 결과를 통보 받는 이 모든 과정은 후보자에게 짧지만 중요한 경험으로 남는다. 흔히 인재를 채용한다고 말하는데 성장 가능성은 무한하지만 아직 작은 스타트업을 더욱 키워 줄 소중한 분을 모신다는 진심 어린 마음으로 채용 프로세스를 진행해야 한다.

지원서 제출 이후 서류전형과 몇 차례의 인터뷰, 처우 협의에 이르는 동안 후보자는 채용담당자와 많은 소통을 하게 된다. 절차 안내, 인터뷰 일정 확정, 단계별 합격 혹은 불합격 통보까지 많은 단계에서 후보자는 좋은 소식을 희망하며 회사의 연락을 기다린다. 때로는 인터뷰어의 업무 일정으로 다음 인터뷰가 몇 주 후에나 잡히기도 하고, 인터뷰어의 긴급한 개인 휴가로 하루 전에 인터뷰가 취소되기도 한다. 이런 경우 채용담당자는 후보자에게 솔직하게 말하고 단계별 결과 통보는 최소 1주일을 넘지 않도록 조정해야 한다.

만일 1차 인터뷰 결과가 1주일 안에 확정되지 않는다면, 1주일 정도 되었을 때 검토 지연에 대해 양해를 구하는 메시지를 보내는 것이 좋다. 후보자가 다른 회사와 채용 프로세스를 진행할 수도 있으므로 일정 관련해서는 최대한 후보자를 배려해야 한다. 전형 과정에서 무응답과 막연한 기다림은 후보자에게 좋지 않은 경험으로 남을 수 있다. 혹여라도 채용 절차에서 불편함은 없었는지 지원자 만족도 설문조사를 진행해 지원자의 이야기를 귀 기울여 듣고 개선해 나간다면, 회사 평판 조회 앱에서 이유 없이 회사 이름이 오르내리지는 않을 것이다.

끈질김이라는 채용의 전술

본격적인 다이렉트 소싱의 첫 단계는 많은 후보자와 접촉하는 것이다. 원티드, 리멤버, 링크드인과 같은 인재풀 플랫폼을 통해 후보자를 검색하고 새로운 포지션에 대한 검토가 가능한 상황인지 인사 메시지를 보낸다. 채용담당자가 판단하기에 직무와 조직문화 적합도가 높다면 가능한 많은 후보자들에게 메시지를 보내는 것이 좋다. 열심히 찾아서 메시지를 보내도 무응답이 이어지면 낙담하게 되기도 한다.

서치펌에서 근무할 때는 서치펌 내부 DB를 바탕으로 후보자에게 전화로 근황을 묻고 포지션을 제안하는 경우가 많았다. 아무래도 직접 목소리를 들어야 많은 이야기를 나눌 수 있고, 후보자의 성향과 커뮤니케이션 역량도 파악되기 때문이다. 어렵게 통화를 시도했는데, 후보자가 냉담하게 반응하거나 경력에 비해 찾는 포지션에 대한 눈높이가 높은 경우 많은 감정 소비가 생기기도 한다. 그나마 요즘은 채용 플랫폼이 발달해 메시지로 간단한 지원 의사 확인이 가능하므로 감정 소비는 조금 줄어든 셈이다. 후보자에게 접촉한 횟수가 실제 회사에 지원한 횟수와 비례하지는 않지만, 100명에게 제안을 해서 1명의 지원서를 받게 되더라도 후보자를 영입할 수만 있다면 다이렉트 소싱은 성공한 것이다. 후보자와 커뮤니케이션하는 과정에서 진정성 있는 소통과 후보자를 위하는 마음의 중요성은 더 강조하지 않겠다.

헤드헌터로서 한참 후보자를 찾고있을 때 IT대기업에 다니는 PO에게 시리즈B 단계의 스타트업 포지션을 제안한 적이 있다. 후보자는 나름대로 그 대기업에서 시니어로 역할을 하고 있었는데, 스타트업에서 새롭게 시작하는 것에 관심은 있었으나 성장성과 안정성 그리고 팀리더 급을 보장받을 수 있을지에 대해 기대와 우려가 반씩 섞인 수많은 질문을 쏟아냈다. 후보자 입장에서는 안정적으로 국내 1위 IT기업에 다니고 있는데 자신의 현재 보상을 맞춰줄 수 있을지, 행여나 스타트업이 망하지는 않을지, 조직의 체계는 잡혀 있는지 등 불안하고 궁금한 것이 많았을 것이다.

그런 두려움과 의구심은 당연한 것이기에 나는 이 스타트업의 성장 가능성과 비전, 후보자가 조직을 성장시키며 본인도 성장하는 커리어를 가지게 될 것이라는 코치뿐만 아니라 현재 이 조직이 당면한 과제에 대해서도 진솔하게 알렸다. 여러 가지를 검토한 후보자는 마침내 지원하기로 했고, 최종 합격해 스타트업에서의 다음 커리어를 시작하게 되었다. 이 후보자가 바로 내가 100명을 접촉해 영입한 바로 최종 한 사람이었다.

간혹 아주 매력적인 경력을 가진 후보자가 있다. 아직 우리 조직이 이 후보자를 영입할 정도는 안되는 것 같다는 주저함이 생기더라도 일단은 메시지를 보낸다. 현재 포지션 검토가 가능한 상황인지, 우리 회사 포지션은 어떤지 묻는 메시지에 무응답이라도 상심할 필요는 없다. 꼭 이 후보자를 영입하고 싶다면, 이후 적정 기간을 두고 여러 차례 다른 메시지로 바꾸어서라도 진정성 있는 만남의 의지를 보인다. 보낸 메시지가 여러 개 쌓인 어느 시점에 예상치 않게 후보자가 관심을 보이기도 한다. 삼성전자에서도 외국계 임원을 영입하는 데 헤드헌터가 1년간 공들여 성공시킨 사례가 있었고, 토스에서도 한국에서 일하는 데 전혀 관심이 없던 외국 국적의 교포 후보를 채용담당자가 삼고초려 끝에 영입하기도 했다. 반드시 영입하고 싶다는 마음이 있다면 실행으로 이어질 것이고, 그 실행에 진정성이 담긴다면 후보자에게도 그대로 전달될 것이다.

채용담당자가 후보자의 모든 질문에 답을 해야 한다고 생각하는 경우가 있는데, 후보자의 고난도 질문에 채용담당자보다 더 적합한 대답을 해 줄 만한 다른 현업 담당자가 있다면 후보자에게 그와 커피챗을 연결하는 것이 훨씬 낫다. 채용담당자라면 회사 내 모든 직무의 내용을 파악하고 있지만, 개발 직군처럼 직무 관련 언어나 기술환경 측면에서 고난도 질문이 던져지거나 입사 후 협업하는 동료의 목소리를 통해 본인의 커리어 발전 과정을 미리 그려보고 싶은 후보자도 있을 수 있다. 채용담당자 본인이 충분한 설명을 하기 힘들다고 판단되면 후보자가 원하는 답변을 명확하게 해 줄 현업 담당자에게 도움을 요청하는 것 또한 전략이다.

언젠가는 이루어질 인연, 기다림

설레는 마음으로 메시지를 보내고 후보자와 소통해 인터뷰까지 통과하게 되면 채용 업무의 꽃이라 할 수 있는 처우 협의 과정이 시작된다. 연봉 인상이야말로 후보자가 이직을 결정하는 가장 중요한 요인이다. 물론 조직이 후보자가 원하는 수준의 처우를 충분히 맞춰줄 수만 있다면 협의 과정은 그리 어렵지 않다. 하지만 많은 조직이 내부 보상 기준을 가지고 있고, 당장 지급할 수 있는 보상 수준이 제한적일 수도 있다.

후보자 입장에서는 연봉 인상이 이직 사유에서 매우 중요한 비중을 차지한다는 점에서 본인이 원하는 수준의 인상이 있어야 이직 결정을 내릴 수 있을 것이다. 이 줄다리기 협의 과정을 이끄는 주체인 채용담당자는 조직이 제안할 수 있는 수준보다 후보자의 희망 처우가 높은 경우 조직이 제시하는 처우안을 잘 설명하여 후보자를 납득시킬 수 있어야 한다. 한 가지 안을 고수하기보다는 조직이 제안할 수 있는 스톡옵션 혹은 사이닝보너스를 연봉과 함께 구성하여 몇 가지 안을 제시하고 후보자가 최종 선택할 수 있도록 한다.

그럼에도 불구하고 안타깝게도 후보자가 더 높은 수준의 타사 제안을 수락했다면, 채용담당자는 후보자의 의사를 존중하고 그간 인터뷰 프로세스에 응해주어 감사하다는 메시지를 꼭 전해야 할 것이다. 비록 이번에는 함께할 수 없었지만 시간이 지나면 다시 만나게 될 수도 있다. 후보자와의 관계는 이것으로 끝이 아니라 이제 시작이다. 채용담당자는 후보자를 본인의 인재풀에 올리고 정기적으로 안부를 물으며 관계를 이어나가야 한다. 언젠가 다시 영입할 수도 있기 때문이다.

인재 영입 채널 설계

채용담당자가 열의를 다해 후보자를 찾고 메시지를 보내더라도 마켓에서 채용 플랫폼을 통해 접촉할 수 있는 후보자는 한정적이다. 채용에 어느 정도의 비용을 감수할 수 있는 스타트업이나 C레벨급 주요 핵심 인재를 영입하기 위해 헤드헌터에게 서칭을 의뢰하기도 한다. 업력이 오래되고 규모 있는 서치펌은 다수의 헤드헌터가 있어서 나름의 인재풀을 다량 확보하고 있기에, 주요 포지션 채용 시 도움이 된다. 서치펌의 높은 수수료가 부담되는 초기 스타트업에서는 소수의 중요 포지션 채용에만 서치펌을 이용하곤 한다. 아직 브랜딩이 되지 않은 스타트업은 헤드헌터들도 포지션 셀링이 쉽지 않기에 어느 정도 비용을 감당할 수 있고 마켓에서 인지도가 쌓인 스타트업이 서치펌에 의뢰하는 것이 효과적이다.

인재 영입 동반자로서의 서치펌

동시에 여러 서치펌에 포지션을 의뢰하더라도 후보자들에게 호응도가 높지 않은 스타트업이라면, 헤드헌터도 본인이 관리하는 다른 인기 있는 고객사의 포지션에 집중하는 경우가 종종 있다. 인지도가 높지 않은 스타트업은 소외되는 상황이 생기는 것이다. 서치펌마다 전문 영역이 있고 인재풀이 다르며 헤드헌터의 성향도 다양하므로, 해당 포지션에 대한 전문성과 인재풀이 있고 소통이 잘 되며 회사를 후보자에게 잘 알려줄 수 있는 서치펌을 찾는 것이 중요하다.

서치펌도 많은 컨설턴트와 대량의 인재DB를 보유하고 있는 대형 서치펌에서부터 스타트업 같은 작은 조직을 밀착해서 관리해주는 소규모 서치펌까지 다양하다. 우선 C레벨 포지션과 같은 주요 포지션 영입을 위해서는 대형 서치펌을, 지속적으로 조직과 밀착된 소싱을 위해서는 소규모 서치펌을 각각 선정하는 것을 목표로 여러 곳과 미팅을 진행하는 것이 좋다. 가장 중요한 것은 해당 서치펌이 얼마나 조직에 적합한 인재를 추천해 줄 수 있느냐이므로 서치펌이 보유한 인재DB와 담당 컨설턴트와 조직 간의 소통의 합이 서치펌 선정의 기준이 될 것이다.

좋은 서치펌을 만나 계약을 진행하게 되더라도 그 이후 채용담당자는 서치펌의 헤드헌터와 소통할 때 인재 영입을 목표로 한 팀처럼 움직여야 한다. 단순히 회사 자료와 직무기술서뿐만 아니라 원하는 인재상과 조직문화도 헤드헌터에게 잘 설명해 싱크를 맞춰야 하고, 짧은 주기로 정기적으로 마켓 현황도 파악해야 한다. 이후 헤드헌터가 추천한 후보자가 인터뷰를 진행하게 된다면 단계별 진행 상황이나 우려 사항 등을 즉시 헤드헌터와 공유하여 포지션 클로징을 위해 함께 노력해야 한다. 의뢰하고 수수료를 지급하는 것은 스타트업이지만, 많은 정보를 잘 전달하고 한 팀으로서 팀워크를 가져야만 헤드헌터도 여러 고객사 중 하나의 후보자임에도 무응답과 거절에 지치지 않고 후보자에게 지속적으로 제안할 수 있다. 갑을 관계로 생각한다면 오히려 서치펌에 쉽게 외면당할 수 있다는 점을 잊지 말아야 한다.

사내 추천은 인재 보증수표

사내 추천은 스타트업 규모와 관계없이 채용에 있어서 항상 성공률이 높은 영입 방법이다. 재직 중인 동료들은 조직의 문화와 조직이 필요로 하는 인재를 잘 알고 있기에, 동료의 추천이라면 우선 신뢰도가 상당히 높고 사내 추천으로 인터뷰를 진행할 경우 최종 합격률이 가장 높다. 그렇기에 채용담당자는 추천 포상금 지급 등 사내 추천 제도를 기획해 동료들이 꾸준히 사내 추천을 할 수 있도록 해야 하며, 추천할 만한 지인이 없는지 지속적으로 동료들에게 물어보고 요청해야 한다. 가장 성공률이 높은 것과 더불어 비용 또한 적기 때문이다.

다이렉트 소싱 시 접촉했던 후보자 중 본인이 아니더라도 혹시 주변에 추천할 만한 지인이 없는지 물어보면 의외로 좋은 후보자를 추천해 주는 경우도 많다. 좋은 사람 옆에는 좋은 사람이 있기 마련이지 않나. 일단 첫 접촉 후 소통이 되었다면, 지금 회사에 지원하지 않더라도 후보자는 나의 인재풀에 담아 관리해야 할 소중한 인연이다.

인지도를 확보하면 채용 플랫폼을 이용하자

고객의 MAU 등 성장 지표가 급격하게 상승하면 보다 신속하고 깊게 업무를 실행하고 고민할 동료들이 필요해진다. 이렇게 조직적인 인재 확보가 중요해지는 시점에는 대량 채용 전략이 필요하다. 이 단계의 기업들은 고객들에게 좋은 제품을 제공해왔고, 마켓에서 기업 혹은 비즈니스의 인지도도 높아져 있을 것이다. 이런 긍정적인 브랜딩 효과에 힘입어 자신 있게 채용 플랫폼을 통한 영입 전략을 시작해야 한다.

마켓에서 인지도가 있다면 잠재 후보자들이 채용 공고를 관심 있게 볼 것이고, 홈페이지나 블로그 혹은 신문 기사를 통해 회사의 비즈니스 성장 가능성과 일하는 방식 등에 대한 좋은 내용을 확인한다면 자연스럽게 지원으로 이어지게 될 것이다. 이 모든 준비가 되지 않은 상태에서는 채용 공고를 보고 직접 지원한 후보자 대다수가 허수인 경우가 많다. 대기업이 아닌 작은 스타트업의 경우 전체 서류 지원율은 채용 공고를 통한 직접 지원이 가장 높은 비율을 차지하지만, 최종 합격률에서는 직접 지원의 비율이 가장 낮다.

우수 인재 영입 프로세스

여러 경로를 통해 후보자의 지원 의사를 확인하고 서류 전형을 통과하게 되면 본격적으로 인터뷰를 진행하게 된다. 인터뷰는 기업이 후보자의 직무 능력이나 기업에서 중요하게 여기는 가치에 얼마나 잘 동화되어 협업할 수 있는지 검증하는 시간이기도 하지만, 후보자 입장에서도 인터뷰어를 통해 기업 내 어떤 인재가 있고 어떤 방식으로 일하는지 등을 간접적으로 파악하는 중요한 시간이다. 마치 보이지 않는 줄다리기와 같다.

서로가 서로를 파악하는 시간이기에 기업 입장에서도 밀도 있는 인터뷰를 통해 후보자의 과거 경력 사항을 토대로 성공 경험이나 조직 내 융화력, 잠재력을 파악할 수 있는 숙련된 인터뷰어가 필요하다. 단순히 해당 부서 리더와 대표만으로 인터뷰를 진행할 것이 아니라 유관 부서에서 협업할 리더, 조직문화를 담당하는 리더 등 조직 내 신뢰 받는 주요 리더들을 인터뷰어로 선정해야 한다. 인터뷰어가 후보자에게 어떤 질문을 하는지 그리고 후보자의 질문에 인터뷰어가 어떻게 답변하는지를 보고 후보자는 입사해도 좋을 만한 곳인지 판단한다.

인터뷰를 두세 차례에 걸쳐 진행하는 경우 가급적 첫 인터뷰 일정이 시작되기 전에 모든 인터뷰어가 모여 각자 어떤 질문을 할 것인지 사전에 논의하는 시간을 가지는 것이 좋다. 이 논의를 통해 직무 능력, 동료와의 협업, 문화적인 적합도 등을 검증하기 위한 역할을 분담해 중복 질문을 방지하고 각 주제별로 보다 심도 있는 질문을 하도록 한다.

직무능력을 검증하는 인터뷰어는 후보자의 모든 경험에 대한 깊이 있는 질문을 통해 기업에서 기대하는 역할을 얼마나 잘 수행해 줄 수 있을지 파악하게 된다. 직무능력이 아무리 뛰어나더라도 기업에서는 결국 팀 소속 구성원으로서 팀의 성장과 목표 달성을 위해 기여하게 되므로 동료들과의 조화를 이루어 소통하고 협업할 수 있는지를 검증하는 것 또한 중요하다. 이 외에 기업이 중요하게 생각하는 문화나 가치에 대해서도 별도의 인터뷰 시간을 마련해야 한다. 직무와 본인의 성장에만 집중하고 기업이 중요하게 생각하는 가치에 대해 동의하지 않는 구성원이 입사한다면, 전사적으로 진행되는 모든 문화적 활동에 융화하지 못하고 팀워크 또한 저해될 것이다.

인재 밀도 높이기

모든 인터뷰를 통과한 후보자의 영입 여부를 최종 결정하는 순간이 왔다. 채용담당자가 주도하는 디브리핑에서 모든 인터뷰어들이 모여 각각 어떤 관점에서 후보자를 평가하였는지 영입 의사가 어떤지 의견을 밝힌다. 어떤 인터뷰어는 후보자의 직무 능력을 높이 평가하여 영입 결정을 내릴 수도 있지만, 다른 인터뷰어는 커뮤니케이션 능력이 낮다고 평가해 후보자가 조직 내에서 동료들과 소통하며 협업할 수 있을지 의문을 제기할 수도 있다. 이렇게 인터뷰어들 간에도 한 후보자에 대한 평이 엇갈릴 수있다.

    강남언니팀의 경우 '인재 밀도를 높인다'라는 인재 영입의 기본 원칙에 따라 디브리핑 시 바레이저Bar Raiser가 후보자 영입으로 인재 밀도가 높아지는지를 판단해 영입 여부에 대한 기준점을 제시한다. 직무 관점, 조직문화 관점, 협업 관점에서 인터뷰를 진행한 모든 인터뷰어는 디브리핑 전에 각자가 후보자와 이야기 나눈 내용을 문서로 정리해 영입 찬반에 대한 의견을 남긴다. 채용담당자가 진행하는 디브리핑 미팅에서 바레이저와 인터뷰어는 다른 인터뷰어들이 작성한 문서를 읽고 서로의 의견을 공유하며, 의견이 엇갈릴 경우 바레이저가 인재 밀도를 높이는 기준에 따라 합의점을 이끌어 낸다. 이외에도 바레이저는 다른 인터뷰어들이 후보자에게 질의한 질문을 리뷰해 향후에도 인터뷰어가 더 깊이 있는 인터뷰를 진행할 수 있도록 피드백하기도 한다.

실전 인재 영입, A사 후보자를 영입하다

AWS 출신 강남언니팀의 시니어 개발자와 커피 타임을 하던 중 플랫폼 개발자를 영입해야 하는 상황을 이야기했더니, 그가 바로 AWS에 있는 지인을 통해 적합한 후보자와 연락이 닿을 수 있을 거라고 했다. 플랫폼 분야 인재 영입이 시급한 상황이라 바로 후보자의 연락처를 수소문해서 얻게 되었다. 후보자가 편히 메시지를 확인할 수 있는 퇴근 무렵, 간단한 소개와 함께 통화 가능한 시간을 확인하는 메시지를 보냈다. 다행히 저녁에 통화가 가능하다는 회신을 받았고 이른 저녁 통화가 이루어졌다.

연락하게 된 배경과 어떤 직원을 통해 알게 되었는지, 그 직원이 전에 AWS에서 근무했고 회사에서 어떤 역할을 하고 있는지 설명하면서 아이스브레이킹을 진행했다. 직접 아는 사이는 아니었지만 후보자도 그 직원 이야기를 듣고 큰 거부감 없이 본인 이야기를 하기 시작했다. 현재 B2B로 고객사를 응대하며 서비스를 제공하고 있기 때문에, 고객과의 소통에 대한 부담뿐만 아니라 자율적으로 하고 싶은 일을 기획해서 실행하고 직접적인 성취감을 맛보기까지는 한계가 있다며 주변에도 비슷한 생각을 가지고 다른 조직으로 이동을 하는 동료들이 있다고 했다.

본인도 그런 동료들이 새로운 곳에서 뜻을 펼치는 이야기를 건너 들었고, 특히 최근에는 B2C 분야의 스타트업에 관심을 갖고 자신의 성취를 잘 이루어낼 수 있는 곳이 있는지 찾아보고 있다는 반가운 이야기를 했다. 마침 우리 회사는 후보자가 원하는 B2C IT 플랫폼 서비스를 운영하고 있기에 회사의 성장성뿐만 아니라 조직문화와 일하는 방식에 대해 간단히 설명하며 보다 자세한 안내를 위해 커피챗을 진행하는 것이 어떨지 제안했다. 다행히 후보자 회사와 사무실의 거리가 멀지 않아 퇴근 길에 한번 들르겠다는 응답을 받고 AWS 출신의 동료와 커피챗 일정을 기쁜 마음으로 잡았다.

커피챗, 후보자와 첫 만남

커피챗 당일 저녁 라운지에서 떨리는 마음으로 후보자를 기다렸다. 후보자를 처음 만나기 직전이 아무래도 가장 기대되는 순간이 아닐까? 커피챗 이후 회사에 더 좋은 인상을 가지고 지원까지 이어지기를 바라는 마음으로 시계와 유리문 너머 엘리베이터 문이 열리는 것을 번갈아 쳐다보았다. 다소 상기된 얼굴의 처음 뵙는 분이 엘리베이터에서 내리는 것을 보자마자, 빠른 걸음으로 달려가 라운지 유리문을 열고 반갑게 인사를 건넸다. 라운지에 비치된 소파며 책장, LP판과 밍글링Mingling을 위해 운영 중인 위스키 바인 라포바 Rapport Bar도 소개하면서 자연스럽게 회사가 중요하게 생각하는 소통과 이를 통한 협업에 대해 이야기를 나누었다.

이후 AWS 출신의 동료 개발자가 나와 두 사람이 편히 이야기 나눌 수 있도록 라운지 한편의 푹신한 가죽소파 자리로 안내했다. 주변 다른 소파와 테이블 자리에는 구성원들이 커피를 마시고 식사를 하고 짧은 회의를 나누는 편안한 분위기라서, 외부인이 보기에 실제 근무하는 직원이 어떻게 생활하는지 가장 가까이서 볼 수 있는 자리기도 하다. 커피챗을 진행한다고 하면 후보자 입장에서는 아무래도 회사의 입장에서 좋은 면만 소개해 줄 것 같은 채용담당자보다는 현재 근무 중인 구성원을 통해 솔직한 이야기가 더 듣고 싶을 것이다.

1시간여 후에 커피챗이 끝났고 훨씬 밝은 표정의 후보자를 배웅하며 주말이 지난 후 다시 연락하겠다고 인사를 나누었다. 이제 처음 회사를 방문한 후보자에게 너무 직접적인 입사 지원 요청보다는 이번 만남 또한 IT업계의 네트워크를 형성하는 의미있는 시간이기에 생각할 여유와 시간을 주는 것이 도리이다. 이후 주말 동안 후보자는 소위 잘 나가는 스타트업의 생경한 라운지 풍경과 대기업과는 다른 조직문화에 대한 소개 그리고 실제 직원으로부터 들은 생생한 일하는 방식까지 머릿속에 새로운 봄날의 바람이 일렁일 것이다.

기다림과 설렘

커피챗을 진행한 다음 주, 방문에 대한 감사 인사와 함께 회사 조직문화와 일하는 방식이 잘 소개된 블로그와 유튜브 링크를 보내며 찬찬히 살펴보도록 안내했다. "주말 동안 생각해 보셨나요? 지원하시겠어요?"라는 직접적이고 갑작스러운 압박 메시지가 아닌, 어디까지나 후보자가 자연스럽게 천천히 회사에 대해 더 알아보고 고민할 시간을 주는 배려이다. 물론 채용담당자의 속마음은 "지금 지원하시겠어요?"라고 묻고 싶고 빨리 지원하면 좋겠다는 마음이 굴뚝같지만, 결국 좋은 인연이 되기 위해서는 시간과 기다림도 필요하다.

보름 후 후보자로부터 먼저 메시지가 왔다. 고민해 봤고, 지원하기로 결정했다고. 마음속으로 쾌재를 부른 후 후보자에게 지원 절차와 인터뷰 프로세스에 대해 자세히 안내하고 이후 일정에 따라 인터뷰 프로세스를 진행했다. 조직에 필요한 인재에 대해 가장 잘 알고 있는 사람은 바로 그 조직에서 업무하는 구성원이기에, 구성원이 추천한 후보자야말로 인터뷰만으로 판단하기 어려운 역량까지 어느 정도 보증 되는 측면이 있다. 그렇기에 이 후보자의 인터뷰 결과를 판단하고 영입 여부를 논의하는 자리인 디브리핑에서 '영입 강도 A' 즉 적극적으로 영입해야 하는 후보자로 결론이 났다.

진짜 영입은 지금부터

"후보자님, 모든 인터뷰 프로세스를 통과하신 것을 축하드립니다! 이제 처우 협의 단계를 시작할게요."

이제부터가 진짜 영입의 시작이다. 후보자와 회사, 서로를 알 만큼 알게 되었고 매력에 이어 확신이 들기에 합류의 마지막 절차인 처우 협의에 들어간다. 많은 직장인에게 보상은 이직을 고민하는 중요한 이유 중 하나이다. 어떤 이는 전략적으로 커리어 개발과 함께 급격한 연봉 인상을 노리고 2~3년 단위로 이직을 하기도 한다. 아무래도 이직을 통한 연봉 조정은 한 조직에 머물러 있는 동안의 인상률보다는 높기에 보상을 특히 중요하게 여기는 사람이라면 아무리 인터뷰를 진행한 회사가 매력적이어도 원하는 처우 협의가 이루어지지 않는다면 미련없이 다른 옵션을 선택한다.

후보자의 속마음을 정확히 알 수는 없으나, 영입 강도와 우리가 제공할 수 있는 최선안을 가지고 협상을 시작한다. 이때 단순히 금액만을 놓고 수락 거부를 판단해서는 안 되며 처우 협의 과정에 이르기까지 수차례 후보자와 길고 짧게 소통하면서, 후보자에게 이직에 결정적인 역할을 할 요소가 무엇인지 반드시 파악해 놓고 있어야 한다. 다행히도 처우 협의를 시작한 후보자는 본인이 자유롭게 성취를 만들어갈 수 있는 환경인지 그리고 자율성이 존중되는 곳인지가 이직의 중요한 판단 요소였기에 처우 협의는 원만하게 이루어지리라 예상했다. 후보자의 현재 보상 수준과 희망 수준을 받은 후 오랜 검토 끝에 우리가 제공할 수 있는 최대의 처우를 제안했다. 주초에 시작된 처우 협의 첫 소통 이후, 여러 차례 중간 소통이 이어져 주 후반으로 치닫고 있었기에 금요일 오후에 최종안을 안내하고 기다림에 들어갔다.

반전은 기본

그 다음 주 월요일, 아마도 결정을 내렸을 후보자의 연락을 기다리던 중 이른 오후부터 시작된 새로운 팀원 환영 회식을 위해 역삼역 인근으로 이동했다. 5시가 넘은 시각, 이제는 연락이 와야 하는데 하고 걱정하던 찰나 핸드폰 문자 알림 진동이 울렸다. 아니나다를까 후보자가 보낸 메시지였는데, 짧지만 완곡하게 이동이 쉽지 않겠다는 거절 의사가 담겨 있었다. 표정은 담담하나 가슴은 철렁 내려앉은 0.5초였다. 밥을 먹는 둥 마는 둥 30여 분의 시간을 두고, 식당 한편 조용한 곳에 자리잡고 후보자에게 전화를 걸었다.

고민되는 부분이 무엇인지 물어보니, 솔직히 현재 매니저 승진을 앞두고 있어서 지금 이동을 하는 것이 맞는지 근본적인 의문이 든다는 점과 그간 나름대로 네임 밸류가 있는 큰 조직에 몸담아 왔는데 규모면에서도 훨씬 작은 스타트업으로 이동하는 것이 맞는지 고민된다고 했다. 솔직한 이야기 전해주어 감사하다는 인사와 함께 승진을 앞두고 있으니 추가 연봉 인상도 고민이 되겠다는 공감의 말을 전했다. 후보자 입장에서는 높은 보상만으로는 이동의 매력이 없고, 자율성이 바탕된 성취가 현재 조직의 네임 밸류를 뛰어넘을 수 있을 것인지가 의문이었다. 나는 후보자와 비슷한 고민을 했을 법한, 최근 네이버에서 입사한 동료의 사례를 떠올려 천천히 이야기를 들려주었다.

이제 막 입사 4개월 차에 접어든 데이터 분석가 A는 이직 후 가장 좋은 점이 무엇이냐는 질문에 자신의 분석이 상품에 직접 적용되고 빠른 의사결정으로 바로 움직이는 것이 눈에 보이니 짜릿하다고 답했다. 이전 직장에서는 무엇 하나 바꾸려면 회의 스케줄링하는 데 한참, 논의하는 데 한참, 상품에 적용되는 건 미지수였다. 이런 답답한 상황에 동료들도 본인의 분석을 상품에 바로바로 적용하고픈 욕구를 가슴속에 품고 있었다고 한다. 아니 품고만 있어야 했을 것이다.

이직 후 본인의 역량을 맘껏 펼치며 사내 전문가로서의 정체성을 더욱 확고히하고 있는 A의 온보딩이 완벽하게 마무리되었음이 느껴졌다. 종류만 많고 임팩트가 적은 복리후생제도들은 외부 인재에게 매력 포인트가 아닌 회사 광고 아이템일 뿐이다. 영입 대상인 인재에게 가장 중요한 건 본인이 새로운 조직에서 얼마나 원하는 방식으로 역량을 펼치고 정체성을 찾을 수 있는가다. 그의 이야기는 왜 내로라하는 IT대기업의 우수 인재가 유망한 스타트업을 선택하는지에 대한 답변이었다.

다시 후보자의 고민으로

이 데이터 분석가의 사례와 함께 그날 이야기 나눈 승진에 대한 보상을 다시 검토해서 연락하겠다고 말하니, 후보자는 처음보다는 조금 더 고민되는 듯한 느리고도 부드러운 어조로 인사를 했다. 통화가 끝난 즉시 이 후보자와 커피챗을 했던 AWS 출신 동료에게 연락해 후보자가 고민하는 부분이 있으니 다시 연락을 취해 회사 측에서 충분히 후보자가 원하는 기회를 줄 수 있는 상황임을 설명해 달라고 부탁했다. 동시에 향후 있을 승진을 감안해 보상도 재검토에 들어갔다.

채용의 절정, 처우 협의

채용 업무 중 가장 절정의 순간은 처우 협의라고 얘기할 수 있다. 성공적인 처우 협의는 '설득하는 과정을 통해 협의에 이르는 것'이다. 회사가 후보자를 영입하기로 결정했다면, 후보자를 설득하기 위해 '후보자 입장에서 우리 회사에 왔을 때 어떤 것을 얻을 수 있는지'를 먼저 판단해야 한다. 후보자가 무엇에 목말라 있고 어떤 환경과 보상을 원하는지, 채용담당자는 온전히 후보자의 입장에서 생각해 보아야 한다. 후보자가 원할 만한 제안을 할 때, 그 설득은 협의라는 성공적인 결론을 만들어 내는 것이다. 앞서 말한 후보자도 재직 중인 동료와 한 번 더 이야기를 나눈 후 우리가 제안한 새로운 보상안을 받아들여 최종 입사 의사를 밝히게 되었다.

채용담당자가 후보자와 처음 연락을 시작해서 회사에 대한 정보를 주고 받는 과정에서 후보자의 마음을 돌리기 위한 간절한 마음이 담긴 모든 메시지를 보내고, 그에 대한 화답으로 입사를 지원하며 함께 마음으로 응원하며 인터뷰 결과를 기다리고, 그 모든 과정 끝에 있는 가장 절정의 순간이 처우 협의일 것이다. 서로의 호감도를 확인한 후 이제 정말 마지막 합류 여부를 결정하게 되는 순간, 치열한 고민과 밀고 당김의 끝에 내려지는 결론. 후보자가 시간을 가지고 주말에 고민할 수 있도록 금요일 오후 손에 땀이 쥐어지는 오퍼 통화 이후, 채용담당자는 주말 내내 후보자가 처우를 받아들일까 하는 설렘과 고민을 머릿속에서 지울 수 없다. 그 순간은 짜릿하면서도 설레기도 하고 그간의 모든 과정이 물거품이 될 수도 있다는 약간의 위기감까지 뒤섞여 함께 있는 가족들에게는 표현하지 않지만 머릿속으로는 계속 되뇔 수밖에 없다.

월요일 출근 후 오전 내내 후보자의 연락을 기다리면서 점심까지 연락이 없는 경우 이상 징후로 판단하여 오후 늦게 의중이 어떤지 후보자에게 연락해야겠다고 답답하게 마음 먹는다. 오후에 '오퍼레터 서명 완료'라는 메일 알람이 오는 경우라면, 만사 제쳐두고 동료들에게 후보자가 입사 예정이라는 공지를 5분 안에 기쁜 마음에 전송하게 되는데, 그 짜릿함으로 그동안의 소통의 노고와 후보자를 향한 애정 담긴 삼고초려의 마음 쓰임까지 모두 보상받는다.

후보자의 연락이 없어서 다시 연락을 취했는데 후보자가 부득이 오퍼를 받아들일 수 없게 되었다는 안타까운 소식을 듣게 되는 경우도 있다. 아쉬움이 크더라도 회사에 관심을 보여주고 시간 내어 인터뷰에 응해준 것에 감사하며 앞으로의 행보에서도 큰 성취를 이루길 기원하게 된다. 그간의 노력이 결실이 되지 못해 아쉽고 새로운 후보자 접촉을 처음부터 시작해야 하는 허탈한 순간이지만, 후보자에게 감사를 표하고 응원을 전하는 과정 또한 채용담당자 스스로를 다독이는 과정이기도 하다. 후보자와의 인연이 당장은 끝난 것 같지만, 언제 또 어떻게 만나게 될지 모르기에 감사한 마음으로 인재풀에 올리고 가끔 인사를 나누며 네트워킹을 이어가야 한다.

스타트업
성과 관리

**평가는 한 조직의 메시지를 드러내는
가장 강력한 수단이다. 조직마다 엇비슷한
평가 제도를 운영하는 것 같지만,
강조하고자 하는 메시지에 따라서 판단
기준이나 운영 방식은 달라진다.**

OKR, 어떻게 도입해야 할까?

성과 관리 프레임워크 OKR$^{\text{Objectives \& Key Results}}$에 대한 관심은 여전히 뜨겁다. CEO는 OKR을 도입하고 나면, 구성원들이 더 도전적인 목표를 추구하고 성과도 더 나아질 것이라 기대한다. OKR 도입을 반기는 리더들 중에는 "지금까지 KPI$^{\text{Key Performance Indicator}}$로 너무 스트레스 받았는데, OKR은 평가와 연동이 안 되니까 좀 편해지겠다"고 좋아하는 이들도 있었다. 하지만 HR담당자는 드디어 올 것이 왔다며 골머리를 썩이기 시작한다. 그야말로 OKR을 둘러싸고 동상이몽이 펼쳐지는 것이다.

결론부터 말해서, OKR 도입은 철저한 심사숙고가 필요하다. OKR 그 자체에 반대하는 것이 아니라 충분한 이해와 헌신의 각오 없이 남들이 한다고 따라 하거나 추종하는 것에 반대한다. 특히 스타트업은 트렌드를 빠르게 따라가는 경향이 있는데, 그럴수록 HR담당자로서 무엇을 주의해야 할지 충분히 생각해야 한다.

도입하고자 하는 CEO와 막으려는 HR

OKR 도입에 대한 검토는 주로 다음의 3가지 상황에서 CEO로부터 시작된다. 첫째, 지금껏 목표에 의한 관리$^{\text{Management by Objective}}$를 해보지 않은 조직이 처음으로 시스템을 도입하려고 할 때다. 둘째, 조직 규모가 커지면서 각 팀별로 얼라인이 잘 되지 않고, 전사적으로 집중이 되지 않을 때다. 마지막으로 구글을 비롯한 실리콘밸리

유수의 기업들이 OKR을 하기 때문이다. 어쩌면 가장 솔직한 이유라고 할 수 있다. 국내도 스타트업뿐만 아니라 대기업까지 도입하고자 하는 움직임이 있는데, 결국 어떤 식으로든 조직을 변화시키고 싶은 마음에 OKR을 검토한다.

나는 2017년에 CEO 특별 지시로 OKR을 검토했다. 당시에는 국내 사례나 책도 없어서 외국 사례를 참고할 수밖에 없었는데, 당시 팀장과 함께 내린 결론은 지금 도입하기엔 시기상조라는 것이다. 전사적으로 연간 목표를 얼라인하고 그에 맞춰서 각자 업무를 하는 것도 제대로 운영되지 않는데, 분기별로 도전적인 목표를 설정하고 리더들끼리 모여 얼라인하는 것은 결코 쉽지 않다고 판단했다. 특히 OKR을 책임지는 주체인 주요 리더 입장에서 충분한 공감대가 형성되지도 않았다. 이러한 근거를 들어 반대했지만 전사적으로 중요하다는 이유로 실행되었고, 결국 HR팀에서 OKR의 A부터 Z까지 총괄할 수밖에 없었다. 아마도 몇 번의 분기가 지나고 끝내 없었던 일이 되고 말았는데, 이처럼 첫 단추가 잘못 꿰어진 사례는 많은 스타트업에서 비일비재하게 일어나고 있다.

OKR을 도입할 때 빠지기 쉬운 함정

OKR 도입 시 빠지기 쉬운 함정이 있다.

첫 번째는 'OKR 작성' 그 자체다. 처음 도입하려는 HR담당자들이 가장 빠지기 쉬운 함정이다. 일단 작성을 해야 하니 목표 설정이 무엇인지, OKR을 어떻게 써야 하는지, 구체적인 사례를 알려주는 것에 집중한다. 하지만 목표 작성보다 중요한 것은 단연코 전사적 우선순위에 대한 CEO의 결단이다. 실제로 OKR을 도입했을 때, 가장 어려운 난관은 전사 OKR을 명료하게 작성하는 것이다. 회사는 'A가 B보다 중요하다'는 식으로 전사적인 우선순위를 밝혀야 한다. HR담당자는 CEO 곁에서 명확하게 의사결정을 할 수 있도록 도와야하는데, 그 과정이 결코 쉽지 않다.

두 번째 함정은 '전사 목표에 대한 얼라인'을 간과하는 것이다. 각 리더들이 OKR을 처음 쓰다 보면 작성 자체에 어려움을 겪고, HR 입장에서 열심히 도울 수밖에 없다. 그때 각자 팀 OKR 작성에 몰두하느라 '팀 간 OKR 얼라인'을 놓치기 쉽다. OKR 운영 시 목표에 대한 집중은 중요하지만, 팀별로 충분히 논의가 되지 않은 상황에서 각자의 목표에만 집중하게 되면 사일로 현상Silo Effect이 발생하고 전사적 초점은 흐트러질 수밖에 없다. 특히 도입 초기부터 너무 욕심을 부려서 개인 OKR까지 작성시키는 경우도 있는데, 경험상 개인 OKR보다는 전사 OKR과 팀 OKR을 분명하게 하고 얼라인하는 것에만 집중하기를 권한다. 즉 HR담당자는 전체적인 관점을 유지한 채 부서별 사일로를 없애고, 우선순위가 부딪치지 않도록 조율하는 것에 힘써야 한다.

마지막 함정은 '평가 제도와의 얼라인을 놓치는 것'이다. 만약, OKR의 달성률이 높으면 좋은 평가를 받아야 할까? KPI 방식에 익숙한 리더들에게는 당연한 질문이다. 하지만 그렇게 된다면 이듬해 도전적인 목표가 세워지는 것에는 방해가 될 수 있다. 달성률과 평가가 100% 매칭되고 그에 따라 연봉 인상률까지 정해진다면 더욱 그렇다. 결국 HR담당자는 OKR과 평가, 보상의 의미를 충분히 이해하고 명확하게 관계를 정립해야 한다. 평가를 진행할 때 OKR 결과도 중요하지만 본인의 관찰 결과와 동료 리뷰를 바탕으로 종

합적으로 평가해야 하는데, 그 과정에서 리더들의 높은 리더십 수준과 성숙도가 요구된다. 지금까지 KPI로 큰 스트레스 받았는데, OKR은 평가와 연동이 안 되니까 좀 편해지겠다고 말하는 리더가 있다면, 엄청난 오해라는 것을 명확하게 알려주어야 한다. 즉, OKR을 잘 운영하기 위해서는 평가와의 관계 설정을 잘 해야 하며 그런 모호한 점이 HR담당자로서 다루기 쉽지 않은 영역이다.

나는 한 회사에서 5년 정도 OKR을 운영하고 개선했는데, 많은 HR담당자들이 "그 정도로 오래 운영했다면 이제 안정화되셨겠네요?"라고 묻곤 한다. 하지만 실제로는 그렇지 않았다. "시각화가 더 잘 되었으면 좋겠어요" "회사의 전체적인 방향과 팀이 잘 얼라인 되고 있는지 모르겠어요" "높은 시도가 장려되지만, 달성도가 낮다 보니 회의감이 들어요" 등 구성원들의 아쉬운 목소리는 매번 발생했다. 그렇다고 OKR이 의미 없다는 뜻은 결코 아니다. 하나의 성과 관리 방식이 성공을 보장한다는 생각 자체가 지나친 기대이지 OKR 자체는 훌륭한 도구이자 철학이다. 그렇기에 OKR의 성공을 판단해야 할 시점은 도입 후 한참이 지난 다음이다. OKR은 단기전이 아니라 장기전이다.

OKR, 첫 단추를 잘 꿰는 법

OKR의 첫 단추를 잘 꿰기 위해, HR담당자로서 꼭 챙겨야 할 과제가 있다. 첫 번째는 '의사결정 프로세스'를 만드는 것이다. 열심히 하려 했지만 늘 아쉬웠던 것은 과감한 우선순위 설정이었다. 의사결정의 어려움을 해소하고자 분기마다 하루를 할애해서 리더 얼라인먼트 워크숍을 진행했다. 지난 분기 성과를 리뷰하고 다음 분기 방향성을 공유하며, 팀 간 OKR을 얼라인하는 시간이었다. 미리 준비한 OKR을 발표하는 과정에서 우선순위가 충돌할 때도 있었는데, 그럴 때는 함께 토론하고 조율했다. 가끔은 오랫동안 준비했던 과제를 멈추는 등의 고통스러운 결정도 있었지만 그럼에도 불구하고 그런 논의 속에서 의사결정의 퀄리티도 점차 발전할 수 있었다.

두 번째는 목적에 부합하는 '조직 구조'를 다듬어 나가는 것이다. 조직은 살아있는 유기체이고 상황에 맞춰 조직도는 늘 변화해야 한다. 조직 초기에는 대부분 단순한 기능 조직으로 출발하지만, OKR을 제대로 운영하기 위해선 목적 혹은 매트릭스 조직으로의 전환이 필수적이다. 하지만 그 과정에서 리더들의 우선순위 및 평가 권한 조정이 일어나는데, 이때 명확한 설정이 중요하다. 예를 들어 '미션 팀 OKR이 펑션 팀 OKR보다 우선한다'로 우선순위를 정하거나, 평가 권한에서도 '목적팀을 이끄는 PM은 소속 개발자에 대해서 50%의 권한을 갖는다'로 상세한 정의가 이뤄져야 한다. 특히 어떻게 미션 팀이 일상적이고 긴급한 업무들을 잘 운영해서 중요한 목표에 집중할 수 있도록 만드는지가 OKR의 성패를 좌우한다.

마지막은 끊임없는 리더십 훈련과 조직문화 개선이다. OKR 도입은 리더십 훈련의 시작을 의미함에도 불구하고, 그것이 해결책이라고 착각하는 경우가 있다. 벤 호로위츠는 교육의 중요성을 이렇게 강조했다.

"명심해야 할 것이 한 가지 있다. 직원의 생산성을 높이는 방법은 동기

부여와 교육뿐이다. 교육은 선택이 아닌 의무다."[6]

전쟁터와 다를 바 없는 스타트업 환경에서 리더십 훈련은 사치스럽게 느껴질 수 있지만, 그럼에도 잊지 말아야 할 것은 OKR은 리더십 크기만큼 효과를 발휘한다는 사실이다. 구글 및 카카오 HR 총괄을 역임한 황성현 퀀텀 인사이트 대표 역시 "OKR 운영 시, 모호함Embracing Ambiguity을 잘 다루는 것이 중요하다. 결국 리더의 성숙도에서 좌우될 수밖에 없는데, KPI가 익숙한 한국 기업들은 OKR 제도의 모호함을 잘 받아들이지 못하는 경향이 있다"고 말했다. 우선순위를 정하고 팀원의 경력 목표에 맞춰서 사기를 독려하고 적시에 피드백하는 것. 이 모든 것은 결코 쉽지 않다. CEO가 스스로 역할 모델이 되어야 하며 HR담당자도 곁에서 함께 고민해야 한다.

OKR은 모든 문제를 한번에 해결해 줄 만병통치약이 아니다. 반드시 "왜 OKR을 도입해야 하는지, 지금 우리가 기대하는 바가 무엇인지?" 충분히 고민해 보길 권한다. 그리고 전사적으로 시행하기 전에 리더 그룹부터 한 분기에서 두 분기까지 먼저 시범적으로 적용해 보는 것이 낫다. OKR을 시도해 보고 매 분기마다 멈춰서 질문해 보자. "지금까지 무엇을 잘 하고 있고, 무엇을 개선해야 하는가? 개선을 위해 앞으로 어떤 시도를 해야 할까?"

리더십에 대한 지속적인 관심과 고민, 개선만이 답이다. 단기간에 변화하긴 쉽지 않겠지만, 언젠가는 더욱 도전적이고 민첩한 조직이 될 수 있을 것이다.

---

[6] 벤 호로위츠, 『하드씽』, 안진환 옮김, 한국경제신문, 2021

평가 제도 설계와 운영

넷플릭스 컬처덱에서 강조되었듯 조직이 어떤 가치를 추구하는지는 보상, 승진 그리고 해고로 알 수 있다. 평가는 한 조직의 메시지를 드러내는 가장 강력한 수단이다. 조직마다 엇비슷한 평가 제도를 운영하는 것 같지만, 강조하고자 하는 메시지에 따라서 판단 기준이나 운영 방식은 달라진다. 하지만 대한상의에서 진행한 '2017 직장인 인식조사'에서 직장인 중의 75%는 인사평가를 신뢰하지 않는다고 나타났다. 기준의 합리성과 과정의 투명성, 결과의 공정성에서 모두 낙제점을 받았는데, 이처럼 평가는 대부분의 직장인에게 부정적인 경험으로 인식된다. 그렇다면 어려운 평가 제도, 어떻게 접근해야 할까?

파격적인 평가 제도 사례, 랭킹과 피드백

자율 경영으로 유명한 외국계 기업의 제도를 벤치마킹하여 도입한 어느 스타트업의 평가 방식을 소개한다. 평가는 크게 피드백Feedback 시스템과 랭킹Ranking 시스템으로 구분된다. 피드백 시스템에서 동료 리뷰어는 총 4명인데 평가 대상자가 동료 2명을 지정하고, 직속 리더가 나머지 2명을 지정한다. 마치 변호사와 검사처럼 성과를 좀 더 인정해 주는 동료와 더 객관적으로 바라보는 동료를 균형 있게 배치하는 장치다. 그렇게 작성된 동료 및 리더의 피드백은 내용 가감없이, 무기명으로 전달되었다.

정말 흥미로운 것은 랭킹 시스템이다. 먼저 각 조직마다 최소 6명에서 12명 정도의 평가 그룹을 형성한다. 평가 그룹에서 구성원들이 받는 질문은 단순했다.

"해당 그룹에서 '가장 연봉을 많이 받아야 한다'고 생각하는 동료 순서대로 번호를 작성해 주세요."

다양한 평가 제도를 경험했지만, 랭킹 방식은 그야말로 파격이었다. 평가 그룹에 본인의 이름은 없지만, 직속 리더까지는 포함되어 있었다. 서로의 이름 옆에 1,2,3으로 랭킹을 매기면 되고, 그 이유를 적지도 않았다. 단, 구성원들이 작성한 랭킹의 평균값으로 최종 등급을 매기는 것은 아니었다. 리더는 본인 정보를 제외한 평균 결과를 확인 후, 한 번 더 랭킹 순서를 조정할 수 있었다. 변경 전과 변경 후의 순서는 시스템에 기록되며, 리더는 조정 회의를 통해 사유를 소명해야 한다. 상위 리더는 하위 리더까지 포함된 랭킹 결과를 확인하기 때문에 '리더가 팀원들에게 어느 정도로 인정받고 있는지' 직관적으로 이해할 수 있었다. HR담당자는 주요 리더들과 각 평가 그룹별 조정 회의를 진행했고, 치열하게 토론하여 랭킹을 확정했다.

당시의 평가 제도가 말하고자 하는 메시지는 무엇일까? 여러분이 만약 대상자라면 어떤 기준으로 랭킹을 매길 것인가? 절대 평가가 아닌, 철저한 '줄 세우기' 방식이기에 많은 논란과 시사점을 가졌던 것은 사실이나, 그럼에도 리더에 대한 구성원의 신뢰도와 리더가 구성원에 대해 가진 생각을 확실히 볼 수 있었다. 특별한 문제가 없는 조직이라면, 리더는 가장 중요한 일을 해야 하기에 자연스럽게 높은 랭킹에 위치해야 한다. 하지만 전혀 그렇지 않은 조직도 있었고, 이는 HR 입장에겐 중요한 정보가 되었다. 구성원들은 저마다 랭킹을 매기지만 평균 순위는 엇비슷했는데, 좋은 동료를 평가하는 기준은 다들 비슷하다는 것도 알게 되었다. 논쟁도 있었고 운영도 쉽지 않았지만, 아직까지 강렬한 경험으로 남아있는 평가 제도다.

평가에서 성과 관리, 나아가 리더십으로

이처럼 다양한 평가 제도, 어디서부터 시작해야 할까?

구성원들의 부정적 인식을 전환하기 위한 방법으로 '명칭 변경'을 고려할 수 있다. 스타트업에선 일반적으로 성과 평가 Performance Evaluation보다는 성과 리뷰Performance Review를 많이 사용하며, 조직이 지향하는 가치를 반영하여 새롭게 정할 수도 있다. 현재 조직에서 리뷰 제도를 P&C Review Performance & Culture Review라고 명명했는데 성과 기여도뿐만 아니라 문화 기여도를 더 강조하기 위함이었다. '원팀으로서 얼마나 잘 협업하는지', '조직에 긍정적인 영향을 미치는지'가 성과 창출만큼이나 중요하다는 것을 드러내고자 했다.

평가의 목적은 구성원의 성과를 공정하게 리뷰하여 피드백을 공유하고 연봉 조정을 통해 동기를 부여하는 것인데, 이에 앞서 '성과'에 대한 정의를 명확하게 할 필요가 있다. 직장인으로서 우리 모두는 늘 성과를 이야기하지만, 저마다 다양한 관점을 가지고 있기 때문이다. 책 『성과관리』[7]에서 류랑도 컨설턴트는 성과를 '기대한

---

7 류랑도, 『성과관리』, 쌤앤파커스, 2021

목표가 달성된 상태'로 정의한다. 즉 제대로 된 평가를 위해선, 최초의 기대나 목표가 얼마나 잘 공유되었는지가 훨씬 중요하다. 이러한 맥락에서 성과의 반대말을 실적 즉 '본인 관점의 결과물'이라고 볼 수 있다. 즉, 성과는 수요자가 기대하는 목표가 달성된 상태지만 실적은 본인이 만들어낸 결과물의 총합이다. 언뜻 비슷해 보이지만 중요한 차이는 '기대치'이며, 의미 있는 성과 관리를 위해선 기대 관리가 선행되어야 한다.

개인 입장에서 업무를 하다 보면 그저 '일을 열심히 하는 것'에만 치중할 수 있다. 하지만 상대방 관점에서 바라보다 보면, '일을 어떤 퀄리티로, 언제까지 해야 하는지' 기대하는 바에 대해서 더 많이 소통하게 된다. 자연스럽게 일에 대한 관점과 협업 태도, 결과물까지 달라질 수밖에 없다. HR담당자는 성과에 대해서 명확하게 정의하고, 각 리더들과 구성원이 쉽게 이해할 수 있도록 전달할 필요가 있다. 특히 절대평가 방식은 기대치 대비 성과를 매길 수밖에 없고, 적절한 기대치 세팅이 중요하다. 1on1 대화를 통한 목표 설정부터 리뷰와 피드백까지 조직의 성과 관리 프로세스가 체계적으로 운영되면 평가 기준의 합리성과 과정의 투명성, 결과의 공정성은 자연스럽게 따라올 것이다.

셀프 및 동료 리뷰 설계 시 주의할 점

셀프 리뷰 설계 시 고려할 점은 최대한 자기 객관화를 할 수 있도록 돕는 것이다. 자신이 평균보다 더 낫다고 믿는 오류를 워비곤 호수 효과Lake Wobegon Effect라고 하는데, 대부분의 사람들은 스스로가 다른 사람에 비해 더 창조적이고 매력적이며 성실하고 공정하다고 믿는다. 인식 왜곡을 줄이기 위한 장치로서, 셀프 리뷰에서 성과를 어필하기 전에 '본인에게 부여된 기대 사항과 목표'를 먼저 작성하게 할 필요가 있다. 스스로 잘한 점만 적도록 하면, 대부분 성과가 아닌 실적 중심으로 작성하기 때문이다. 더불어 리더가 1년에 1~2번만 소통하는 것이 아니라 월별이나 분기 단위로 피드백하고 기준을 소통한다면 성과 리뷰에서 '깜짝 놀라는 일'은 없을 것이다.

동료 리뷰 설계 시, HR담당자로서 본격적인 고민이 시작되는데 그 이유는 선택지가 많기 때문이다. 리뷰어를 몇 명으로 할지, 리뷰어를 어떻게 선정할지, 피드백을 공개할지 비공개로 할지 여부 등. 모든 결정은 트레이드 오프Trade off 특징을 갖지만, 동료 리뷰를 설계할 때는 특히 더 깊은 고민이 필요하다. 첫 번째로 리뷰어 숫자는 효율성과 공정성 그리고 피드백 퀄리티의 관계를 염두에 둬야 한다. 평가의 공정성이나 다양한 관점만 생각하면 동료 리뷰어 숫자는 많을수록 좋지만, 정해진 기간에 지나치게 많은 리뷰를 작성하는 경우 피로감으로 업무에 영향을 미치거나 피드백 퀄리티가 낮아질 수 있다. 개인적으로는 일반 구성원은 3명, 리더급은 5명 정도의 동료 리뷰어가 적당하다고 본다.

두 번째, 동료 리뷰어 선정도 자율성과 공정성의 관계를 생각해야 한다. 리뷰 대상자가 동료를 자유롭게 선택하는 경우에 효과와 만족감이 높아지지만, 리더 입장에서는 객관적 판단을 하기에 불충분하다고 느낄 수 있다. 그렇다고 모든 동료를 리더가 선정하게 하면, 대상자 입장에선 긴밀하게 협업하는 동료를 "정말 잘 알고 있는지?" 불만이 생길 수도 있다. 내가 선호하는 방식은 리뷰어 한 명은 스스로 결정하게 하고, 나머지는 리더가 결정하게 하도록 한다. 단 효율적인 진행을 위해 정해진 기간 내에 제출을 하지 않으면 일괄적으로 리더가 결정하게 했다.

세 번째, 리뷰 공개 여부는 선택지가 훨씬 많아서 더 골치 아프다. 작성된 피드백을 이름과 내용을 모두 공유할지, 이름은 제외하고 내용만 공유할지, 모두 비공개로 작성하게 할지, 일부만 부분적으로 공유할지 등 다양한 경로가 존재하며 결국 피드백의 효용성과 솔직함 그리고 조직 분위기와의 관계를 함께 고려해야 한다. 책 『실리콘밸리의 팀장들』[8]에서 완전한 솔직함 Radical Candor을 강조한 것처럼 대부분의 스타트업은 서로 간 솔직한 피드백을 권장한다. 하지만 막상 본인이 작성한 리뷰가 그대로 전달된다고 생각하면, 정말 솔직한 내용은 작성되지 않을 수 있다. 또한 사려 깊지 않은 피드백이 공유될 때 조직 분위기에 좋지 못한 영향을 미칠 수도 있다.

나는 공개 항목과 비공개 항목을 구분하여 작성하도록 한다. 공개 항목에서는 주로 계속할 점 Keep, 그만둘 점 Stop, 시도해 볼 점 Try처럼 대상자에게 도움이 되는 피드백을 작성하도록 하고, 비공개 항목에선 리더 판단에 도움이 되는 정보 "얼마나 함께 일하고 싶은 동료인지 점수와 그 이유를 적어주세요"를 작성하도록 했다. 더불어 지속적인 피드백 세션을 진행하여, 전사적인 피드백 수준을 높일 수 있도록 지원하고 독려했다.

---

[8] 킴 스콧, 『실리콘밸리의 팀장들』, 박세연 옮김, 청림출판사, 2019

조정 회의, 어떻게 운영해야 할까?

상대평가와 절대평가는 다르다. 상대평가는 동료와의 상대적 수준이 중요하며, 채용처럼 한정된 인원을 선발하는 상황에서 꼭 필요하지만 협업과 공정성에 있어서 아쉬운 점이 많다. 반면 절대평가는 공정성과 협업 측면에서 많은 강점을 갖지만, 실제 운영은 쉽지 않다. 무엇보다 힘든 것은 평가자에 대한 의존성이 높다는 점인데, 매 순간이 치열한 스타트업에서 리더십에 신경 쓰고 그 수준을 높이는 것은 결코 쉽지 않다. 이러한 평가의 어려움을 극복하기 위해 꼭 필요한 장치가 바로, 조정 회의 Calibration Meeting다. 결과를 조율하는 회의가 없다면 리더 성향에 따라서 지나치게 관대하거나 가혹한 결과가 나올 수 있기 때문이다.

조정 회의는 최종 등급을 결정하는 평가 조정 회의와 연봉 조정을 위한 보상 조정 회의로 구분된다. 평가 회의에서는 주요 리더들이 모여 리뷰를 읽고 토론하여 최종 등급을 결정한다. 등급별 의무 할당이 없기 때문에 최대한 객관적인 판단을 위해 다양한 관점을 모으는데, 이때 기대 수준에 근거하여 평가해야 하고 납득할 만한 사유를 함께 언급해야 한다. 조정 회의에서 서로 날카로운 질의를 하기도 하고 최초에 제시한 등급이 변동되기도 하는데, 상당히 치열한 토론이 오가는 과정에서 조직 인재상을 함께 만들어나간다.

조정 회의 진행 시 몇 가지 팁이 있다. 한 가지는 '동의에 의한 의사 결정'이다. 평가 특성상, 리더들의 100% 찬성을 얻어내긴 어렵다. 하지만 동의는 가능하다. 종종 첨예하게 대립할 때가 있는데 그때는 HR의 개입이 필요하다. 'Yes'뿐 아니라 'Anyway Yes'까지를 동의로 간주하며 빠르게 집단이 의사결정하도록 도와야 한다.

적절한 넛지nudge도 중요한데, 특히 '평가 오류를 극복하는 5가지 방법'을 조정 회의 직전에 안내하거나 전체 등급 결과를 중간중간 리마인드하며 긴장감을 높이고자 노력했다.

결국 평가 제도는 개인과 조직이 스스로를 객관적으로 보기 위한 '체계적인 회고 프로세스'다. 셀프 리뷰 작성 시 기대치와의 비교를 통해 본인 성과를 객관적으로 리뷰하고, 동료 리뷰를 통해 동료들의 관점에서 나의 성과를 한 번 더 돌아보게 한다. 특히 협업과 소통의 관점에서 무엇이 부족한지 알 수 있는 기회가 된다. 이어지는 하향 리뷰를 통해서 리더는 등급과 피드백을 부여한다. 여기서 끝이 아니다. 조정 회의를 통해 각기 다른 리더들의 기준을 하나로 합치고 조직의 인재상을 함께 정의하게 된다. 치열한 토론 끝에 회의를 마치면 조직이 지향해야 할 인재의 기준이 만들어진다. 조직의 메시지는 다시 보상의 형태로 구성원들에게 전달된다. 이러한 회고의 사이클을 반복하며 개인과 조직은 잠시 멈춰 스스로를 돌아보고 방향성을 세우며 다시금 각오를 다진다.

평가 대신 상시 피드백을 진행한다면?

힐링페이퍼 강남언니팀은 평가가 없다. 온보딩 프로그램에서 "우리는 평가 제도가 없으며, 동료 및 리드와의 수시 피드백을 통해 업무에 대한 싱크를 맞추고 성장을 지원합니다"라고 얘기하면, 많은 입사자들의 눈에는 물음표 눈빛이 반짝인다. 목표를 세워 달성한 성과에 따라 평가를 받고 그 결과에 따라 보상을 결정하는 방식이 일반적이지만, 강남언니팀에서는 평가 제도가 없다. 높은 기준을 바탕으로 치열하게 주고받는 피드백과 스스로에 대한 회고가 평가를 대신한다.

고객 문제를 해결하기 위해 모인 스쿼드는 프로덕트 오너와 개발자 그리고 디자이너가 정기적인 이터레이션Iteration을 돌면서 문제를 개선하고 수시로 소통하며 회고하는 과정을 반복한다. 또한 스쿼드 소속 개발자와 디자이너는 개발 기술이나 디자인에 대한 회고를 통해 챕터 리드로부터 정기적으로 피드백을 받는다. 스쿼드 내에서 다른 동료들과 함께 나눈 피드백 중 개선이 필요하다고 판단되는 영역은 스쿼드 리드가 이끌어 가는데, 최소 격주에 1번 이상 진행되는 1on1 미팅을 통해 '직무 및 협업 관점에서 어떤 부분이 부족했는지', '개선을 위해 어떤 노력이 필요한지' 상세하게 대화하고 서로 피드백을 나눈다.

이러한 1on1 미팅은 현재까지의 성과를 인정하는 것과 동시에 다음 방향성에 대한 그림을 함께 인지하고, 앞으로 어떤 노력이 필요한지 구체적인 액션 아이템을 도출하는 시간이 된다. 때로는 두 명 남짓 들어갈 만한 작은 포커스 룸에서, 때로는 은행잎 바람에 흩날리는 테헤란로를 산책하며 진행되는 1on1 미팅은 성장을 고칭하고 독려하는 리더와의 의미 있는 소통 시간이다.

강남언니팀에서는 주로 OKR 시즌이 마무리될 때 스쿼드 단위의 피드백 세션 CSS^{Continue, Stop, Start}을 진행한다. CSS는 동료의 성장을 위해 엄격한 애정을 담아 전달하는 피드백 세션으로 함께 일하면서 관찰하고 느꼈던 경험을 솔직하게 나눈다. 넷플릭스 피드백 방식과 유사한데 잘하고 있는 점은 이어가고 더욱 잘할 수 있도록 인정하며, 멈추어야 할 것과 대신 새롭게 무엇을 시도해 볼 수 있을지를 솔직하게 이야기하는 시간이다.

구체적인 방식은 다음과 같다. CSS 세션을 진행하기 전날까지 자신에 대한 내용뿐만 아니라 5명 안팎의 스쿼드 동료들에 대한 CSS를 문서로 먼저 기록한다. 이후 모더레이터의 진행과 함께 한 동료의 업무 과정 중 Continue 할 부분을 다른 동료들이 쭉 돌아가며 이야기 후, Stop & Start 하면 좋을 점에 대해 솔직하게 피드백하는 시간이 이어진다. 피드백 대상자는 다른 동료들의 이야기를 듣다가 저절로 고개가 끄덕여지기도, 때로는 얼굴이 붉어지기도 한다. 본인이 생각해도 잘 하고 있는 점에 대해 인정받으면 당연히 뿌듯하지만, 미처 몰랐던 부분에 대해 동료들이 이야기할 땐 기억이 나지 않아 당황스럽기도 하고 어떤 것이 옳고 그른지 판단이 서지 않아 고개를 갸우뚱하게 되기도 한다.

나 또한 HR 스쿼드에서 CSS를 할 때면 무척이나 긴장되는 것이 사실이다. 이번 시즌 동안 협업을 잘 했을지, 동료들이 기대하는 수준에 못 미치지는 않았을지, 지난 시즌보다 개선할 점이 더 많아지면 어떡하나 걱정이 될 때도 있다.

CSS의 가장 큰 묘미는 내가 몰랐던 나의 부족한 부분을 동료들이 객관적으로 인지시켜 준다는 점이며, 이를 통해 앞으로 집중해야 할 점이 무엇인지 알 수 있다. "동료의 성장을 위해 엄격한 애정을 바탕으로 피드백한다"는 취지에 맞게 모든 구성원들은 CSS 후 각자 자신이 들은 CSS를 바탕으로 성장을 위한 액션 아이템을 스스로 작성한다. 그리고 다음 시즌 CSS 전까지 그 액션 아이템을 리마인드하며 업무를 하다 보면, 어느 순간 자신의 Stop, Start가 Continue로 변화하게 되는데 이것이 바로 본 세션의 진정한 목적이다. 더불어 동료의 성장이 나의 성장으로 이어지고 건강한 피어

프레셔Peer Pressure를 상승시키는 효과를 낳을 것이다.

역량 평가가 아닌, 다면 피드백

한 달에 한 번, HR에서 주관하는 랜덤 커피타임 일명 '랜덤커타'의 시간이다. 입사한지 1년 정도 된 주니어 개발자와 짝이 되어 근처 카페로 향했다. 오후 4시, 점심 이후 격렬한 업무가 절정에 이를 무렵 잠깐 쉬어야 하는 시간, 동료의 발갛게 상기된 얼굴과 흐릿한 눈빛을 보니 아직 이슈가 한창 진행 중임이 느껴졌다. 동료들이 즐겨 찾는 서재 콘셉트의 지하 카페에 자리를 잡았고 개발자는 달고 시원한 커피를 주문했다. 어찌 지내고 있냐는 나의 물음에 보다시피 바쁘고 한참 이런저런 문제를 해결하는 중이라는 근황을 풀어낸 후 1년, 2년 후 자신이 성장한 모습이 어떤 것일지 떠오르지 않는다는 이야기를 토로했다.

다양한 도메인을 차근차근 경험해 나가고 챕터 및 개발 리드와 1on1을 하면서 성장하지 않을까 싶었지만, 리더층이 많지 않은 수평적인 조직이다 보니 단점도 보였다. 몇 년 후에는 테크 리드, 몇 년 후엔 챕터 리드, 언젠가는 CTO라는 식으로 단계적 커리어 성장이 눈에 잘 보이지 않았던 것이다. 내가 어느 정도 성장했는지를 가늠하기 위해 기술적인 성숙도가 지표화되고, 역할에 따른 타이틀이 변경된다면 성장의 가시성이 높아질 수 있다. 지금의 위치가 출발점이 되고 점점 성장해 나갈 것이기 때문이다.

이러한 동료의 고민을 바탕으로 개발 총괄이 개발자의 성장 단계를 레벨별로 구분한 역량 사다리를 고안하였고, 전체 구성원들에게 공유하며 리더와 역량 코칭 세션을 진행하기로 했다. 리더와의

1on1에서 현재 위치가 어떻게 되는지 싱크를 맞추고, 앞으로 어떤 기술과 역량에서의 노력이 필요한지 액션 아이템을 도출하여 정기적으로 진행 상황을 점검하는 시간이다. 이후 리더의 피드백을 넘어 본인이 작성한 셀프 리뷰와 동료 리뷰까지 반영한 다각도의 리뷰를 성장 리뷰Growth Review라는 이름으로 전사에 확대했다.

지금은 일부 조직을 대상으로 파일럿을 진행하고 있는데, 앞으로 다면 피드백이 자리잡게 되면 본인, 동료 및 리더의 리뷰를 바탕으로 현재 자신의 역량 위치를 파악하고 방향성을 인지하여 구체적인 행동 변화로 이어지게 될 것이다. 이처럼 피드백 제도를 통해 성장을 위한 의미 있는 대화와 피드백이 충분히 이뤄질 수 있다면, 형식적인 평가 제도는 점차 사라지지 않을까 기대해 본다.

스타트업의 보상 제도

스타트업에서 보상은 EVP^{Employee Value Proposition}의 결정적인 요소이다. EVP란 기업이 직원에게 제공하는 포괄적인 가치를 의미한다. 혁신적이고 새로운 시도를 하는 스타트업에서 필요한 인재에게 어떤 가치를 내세우며 더욱 경쟁력을 확보할 것인지, 스타트업의 생존과 또 꾸준한 성장을 위해 EVP를 고민하고 잘 개발해나가는 것이 특히 중요한 지점이다.

보상은 단순한 임금 지급 이상의 의미를 가진다. 직원에게 회사의 비전과 가치에 대한 공감대를 형성하고 장기적인 목표 달성에 동참하도록 동기를 부여한다. 스타트업의 보상 제도는 조직의 성장 단계와 긴밀하게 연결되어 있고 생존과 직결되며 소중한 직원 경험과 업무 성과와도 직결되는 요소이다. 따라서 사전에 구체적이고 객관적인 안목을 갖고 최소한의 기준과 원칙을 마련해두는 것이 중요하다. 자원이 제한적이기 때문에 보상 구조를 현명하게 설정해야 하며, 이를 통해 안정적인 지출 계획을 수립해야만 직원들의 기초적인 신뢰 역시 확보될 수 있다. 스타트업은 빠른 채용이 필요하고 어렵게 사람을 쓸어 담아도 보상 제도가 일관성을 갖추지 못하면 내부적인 불만이 쌓이고 리텐션에 문제가 생긴다. 어느 정도 생존 구간을 확보했다면 가능한 빠른 시기에 기초적인 보상 스킴^{Compensation Scheme}을 마련해야 한다.

한정적인 재원에서 효과를 극대화하려면?

보상 스킴은 조직 내에서 직원에게 제공되는 전체 보상 패키지를 체계적으로 구성하고 관리하는 방식을 의미하며 크게는 금전적 보상과 비금전적 보상의 두 가지 주요 요소를 포함한다. 보상 스킴의 핵심 목적은 구성원에게 동기를 부여하고 그들의 성과를 인정하며, 조직의 목표와 일치하는 행동을 촉진하는 것이다. 가장 기본적인 것은 금전적 보상이며 이는 기본급, 보너스, 성과급 등으로 구성된다. 여기에 스톡옵션, 종업원지주제와 같은 장기적인 보상 메커니즘을 도입할 수도 있다. 간접적 보상으로는 복리후생이 있다. 보상 관리를 통해 직원에게 동기를 부여하며 직원의 입장에서 합리적이라고 인식되는 보상 구조를 설계한다.

보상을 설계할 때는 구성원의 성과, 직책, 책임, 경력, 시장 임금, 회사의 재원을 고려한다. 최근에는 초기 스타트업을 위한 고용지원금이나 급변하는 근무 환경을 지원하기 위한 유연근무제 지원금 등 스타트업을 위한 고용 관련 지원금이 많이 있으니, 안정적인 보상책 마련을 위해 미리 알아보고 가용 범위를 구상해 보는 것도 방법이다.

총 보상Total Rewards이란 인건비, 복리후생 비용과 같은 금전적 보상 외에도 승진, 교육, 경력개발 기회와 근무환경 등을 포함한 다양한 비금전적 보상이 강조된 총괄적 개념을 의미한다. 재정적 혹한기를 견뎌야 하거나 채용 및 채용 유지 상의 경쟁 우위를 선점하지 못한다고 생각할 수 있는 중소기업이나 스타트업일수록 총 보상의 관점에서 직원이 선호하는 비금전적 보상이나 스타트업의 비전과 문화에 어울리는 복리후생을 잘 갖추는 것이 필요하다.

연구조사 결과에 따르면, 단순한 금전적 보상만으로 직원이 동기부여되어 직무 능력이 향상되지 않고 오히려 부담이나 과도한 성과 압박으로 느끼는 경우도 있는 것으로 밝혀졌다.

제한된 재정 자원으로 인해 강력한 보상 전략을 수립하는 것은 스타트업에서 당면한 과제이다. 막대한 비용을 들이지 않고도 최고의 인재를 확보하기 위해 경쟁해야 하기 때문에 창의적 해법이 필요하다.

첫째, 초기 스타트업이라면 시장임금과 동일하거나 약간 적은 수준의 기본급을 유지하는 것이 좋다. 고정비 성격의 기본급을 늘리기보다는 합리적으로 설계된 인센티브, 핵심 인재를 위한 스톡옵션 정도로 보완하는 것이 좋다.

둘째, 비금전적 혜택의 가치는 아무리 강조해도 지나치지 않는다. 유연한 근무 일정, 원격 근무 옵션, 전문성 개발 기회, 긍정적인 회사 문화를 고려해야 한다. MZ 세대는 금전적 보상만큼이나 경험과 일과 삶의 균형을 중요하게 생각하기 때문이다. 웰니스 프로그램, 체육관 멤버십, 팀 빌딩 활동 또는 반려동물 친화적인 사무실 정책이 포함될 수 있다. 작은 넛지로 전체 보상 패키지의 인지된 가치에 상당한 차이를 만들 수 있다.

셋째, 지분 옵션이나 주식 보상을 제공하여 팀원들이 구축에 기여한 성공을 공유할 수 있도록 한다. 이는 성공을 공유하는 스타트업 정신을 구현하는 역할을 한다.

넷째, 달성 가능한 마일스톤과 연계된 성과 기반 보너스 구조를 구현한다. 이는 직원들에게 인센티브를 제공할 뿐만 아니라 개인의 성공을 회사의 성장과 일치시킨다. 이 접근 방식의 장점은 스타트업이 진행됨에 따라 확장성을 만들어 낸다는 것이다.

다섯째, 예산 제약에 대한 열린 의사소통이 필수이다. 직원들은 계속해서 정보를 얻을 때 더 이해도가 높아지기 마련이다. 스타트업의 재무 상황을 명확하게 설명하고 공유된 여정과 모든 사람에게 이익이 되는 미래 성장 잠재력을 강조한다.

여섯째, 인턴십 프로그램을 적극적으로 활용할 수 있다. 인턴십 프로그램은 인재 확보를 위한 전략적 경로이기도 하다. 장기적인 관계를 맺기 전에 조직 적합성과 업무 역량을 평가할 수 있다. 인턴십 기간 동안 가치가 입증된 인재를 채용하는 것은 인건비를 낭비하지 않는 좋은 방법이다.

보상 제도의 균형을 잡기 위한 '골든 룰'

메타가 페이스북이었던 시절, 직원 수 400명 규모일 때 입사해 조직 문화와 고용 브랜드 업무를 이끌었던 몰리 그레이엄Molly Graham은 페이스북도 당시 제대로 된 평가보상 제도가 없어서 일회적 성격의 보상 결정과 제도의 불투명한 운영이 가득했다고 말한다. 오랜 시간 보상 제도에 대해 시행착오를 거친 몰리가 제시하는 골든 룰Golden Rule의 지혜를 빌릴 필요가 있다. 골든 룰의 내용은 다음과 같다.

첫째, 누구도 보상에 100% 만족하지 않는다. 이는 보상의 핵심이 비교 평가하는 것에 근거하기 때문이다. 비교 평가에 절대치는 없다. 보상은 직원이 스타트업에 조인하거나 오래 머무르도록 하지 못하며, 그렇게 되어서도 안 된다. 빅테크 기업에서 시니어 리더십을 데려오더라도 이들이 비전에 공감하고 사람에 이끌려 합류하는 방식이어야 하며 보상에 대해서는 그들 입장에서는 상당히 어려운 결정을 내리는 것이 되어야 한다.

둘째, 사람들은 다른 사람의 연봉을 언제나 알아낼 수 있음을 염두에 두어야 한다. 당신이 꽤나 만족스러운 보상을 받고 있더라도 같은 일을 하는 동료가 당신의 2배를 받고 있다는 사실을 알게 되면 기분이 상할 수밖에 없다. 따라서 보상 계획을 세울 때 논리적인 가이드라인을 만들고 이를 설명하고 방어할 수 있어야 한다.

셋째, 보상을 1년에 1~2회만 검토할 수 있도록 시스템을 만들어야 한다. 비즈니스가 최우선이어야 하는 CEO에게 상시적으로 보상을 검토하는 부담을 지우면 안 된다. 직원은 회사 성장에 기여해서 궁극적으로는 회사 주식 가치를 올리는 순환이 이루어져야 하며, 이것이 보상 커뮤니케이션의 핵심이 되어야 한다. 아무리 이직이 빈번한 시기가 되었더라도 상시 채용으로 인해 직원들이 타사에서 오퍼를 받아와 몸값 인상을 요구하는 일이 일상적인 관행이 되도록 하면 안 된다. 구성원들의 관심사가 비즈니스의 성장이 아니라 회사와의 보상 줄다리기가 되어버린 회사가 로켓처럼 성장하는 모습을 상상하기란 어려운 일이다.

넷째, 가능한 공식에 기반한 결정을 내려야 한다. 현재 비즈니스 상황에서 성과를 판단하기는 어려운 일이므로 오히려 보수적으로 접근하는 편이 좋다. 기대 관리가 매우 중요한데 평가보상에 있어서 메시지를 바꾸는 것만큼 안 좋은 일도 없다. 직원들에게 일관된 공식 메시지를 전달해야 한다.

더 중요해지고 있는 보상 커뮤니케이션

구성원들과의 커뮤니케이션은 언제나 고민이 된다. 보상 커뮤니케이션을 하기 전에 투명성과 공정성을 다시 돌아봐야 한다. 투명성과 공정성은 엄연히 다른 가치인데, 투명하지 않으면 공정하지 않다고 오해하곤 한다. 투명하지 못한 데는 석연치 않은 이유가 있다고 추측되면서 공정성 시비가 따라붙는 것이다. 우리는 왜 이런 보상 철학을 가지게 되었는지, 그 맥락에 대한 이야기를 어떻게 전달할지 커뮤니케이션에 대한 고민이 필요하다.

먼저 회사의 보상 철학을 공유해야 한다. 회사는 구성원들에게 보상 결정이 어떻게 이루어지는지에 대한 정책과 보상 철학을 공유해야 한다. 이를 통해 구성원들은 회사가 어떻게 결정을 내리게 되었는지 이해하고, 구성원들이 체계적으로 공정하게 급여를 받고 있음을 인식할 수 있다. 결정을 내리는 기준을 공유하면 투명성과 공정성을 확보할 수 있는 것이다. 정책에 따라 직원의 미래 보상이 증가될 것임을 제시하는 경우, 동기부여를 자극하는 인센티브의 역할을 할 수도 있다.

둘째, 보상요소를 전달해야 한다. 이러한 내용은 구성원과 개별적으로 정보를 공유하는 것이 좋다. 보상을 결정할 때, 직원의 고유한 기술을 고려했으며 회사가 한 사람 한 사람에게 관심을 갖고 있음을 보여줄 수 있다. 직원들과 보상에 관해 소통할 때는 총 보상을 구성하는 모든 혜택을 하나하나 포함하는 것이 중요하다. 개인의 기본 급여를 알리는 것부터 시작하여 보너스, 주식보상, 복리후생 등과 같은 기타 연간 혜택을 포함해야 한다. 이러한 내용을 보상 명세서로 작성하여 구성원과 공유하는 것이 좋다. 급여, 보너스, 유급 휴가 및 기타 모든 단기와 장기 혜택을 각각의 재정적 가치와 함께 작성한다. 이를 통해 직원들은 회사로부터 실제로 무엇을 받고 있는지 쉽고 간결하게 확인할 수 있다.

셋째, 보상 결정에 대한 의사소통을 강화하려면 결정을 뒷받침하는 시장 데이터를 직원에게 보여주는 것이 좋다. 이는 보상 벤치마킹 도구를 활용하여 수행할 수 있다. 업계, 연공서열, 위치, 회사 규모 등의 기준을 비교함으로써 특정 역할에 대한 급여 수준을 보여줄 수 있다. 시장 수준 이상의 급여를 지급하는 경우 벤치마크 데이터를 공유하는 것은 직원들이 공정하게 평가받고 대우받고 있음을 보여주는 강력한 방법이 될 수 있다.

구성원들은 시장 가치와 비교하여 공정한 보상을 받고 있음에도 불구하고 충분한 급여를 받지 못하고 있다고 느끼는 경우가 종종 있다. 이 문제를 해결하는 유일한 방법은 명확하고 일관된 의사소통이다. 보상 커뮤니케이션 전략이 원하는 효과를 발휘하는지 확인하려면 피드백에 개방적이어야 한다. 설문조사를 통해 피드백을 수집하고 구성원들의 의견을 듣고 있다고 느끼도록 해야 한다. 물론, 이 과정에서 추가 커뮤니케이션이 필요할 수 있다. 하지만 잘못된 인식으로 인해 구성원을 놓치고 새로운 직원을 채용하는 것보다 기존 직원들과 여러 차례 미팅을 갖는 것이 더 나은 시간적 투자이다.

스타트업 보상의 꽃, 주식 보상

주식 보상은 스타트업에서 매력적인 보상 수단이다. 회사 입장에서는 기업가치와 개인의 보상을 연결하는 의미가 있다. 구성원에게 상상 이상으로 커질 수 있는 미래가치를 준다는 면에서 장기적인 비전을 제시하는 역할도 한다. 실제로 기업공개[IPO]를 통해 소위 '대박' 사례가 알려지며, 주식 보상은 당장의 현금 지급여력이 없어도 매력적인 미래를 약속할 수 있는 도구로 주목받았다. 요즘처럼 시장이 정체되어 있고 주가가 기업의 내재가치보다 낮은 수준이라면 구성원에게는 더 좋은 보상 기회가 될 수도 있다. 스타트업에서 주식 보상이 여전히 중요하고 도입과 운영을 검토해야 하는 이유이다.

대박의 꿈, 스톡옵션
스타트업의 주식 보상은 '스톡옵션'이 가장 대표적이다. 스톡옵션은 주식을 정해진 가격에 매수할 수 있는 권리를 말한다. 스톡옵션을 받은 직원은 권리를 행사해 주식을 시세보다 싼 가격에 취득하여 이후 높은 가격에 매도하여 차익을 얻을 수 있다. 지급 즉시 주주가 되는 스톡 그랜트와 달리, 스톡옵션은 최소 2년의 행사 기간을 기다린 후 명시적인 행사를 통해서만 주주가 될 수 있다. 스톡옵션은 권리 행사에 시간이 필요하므로 별도의 근속 의무 조항을 두지 않고도 자연스럽게 장기근속을 유도할 수 있는 주식 보상 제도인 셈이다. 스타트업 업계에선 스톡옵션 받은 사람을 드물지 않게 볼 수 있다. 회사는 당장 현금 지출 없이 좋은 인재를 뽑을 수 있고, 직원은 회사가 성장할수록 큰 대가를 돌려받을 수 있기 때문이다.

스톡옵션은 상법과 벤처기업법으로 부여 절차와 방법, 대상 등을 법으로 엄격히 규정하고 있다. 스톡옵션을 행사만 해도 과세하는 것 또한 문제다. 주식을 샀을 뿐이지 판 것이 아니라 수중에 들어오는 현금이 없는데, 행사 차액만큼을 소득세로 보고 과세하다 보니 임직원들은 스톡옵션 행사를 망설이게 된다. 행사 시점에 근로소득세로 과세하고, 양도 시점에 다시 한번 양도소득세로 과세하기 때문에 세금을 고려하여 적절한 행사 시점을 잡는 것이 매우 중요하다. 정부는 스톡옵션 행사에 따른 세금 부담을 경감하고 인재 유치를 돕기 위해 각종 비과세 혜택을 부여하고 있다. 행사 이익 기준으로 권리자 1인당 연간 2억 원, 누적으로 5억 원까지 비과세를 적용한다.

분할 납부 특례를 이용하면 행사 이익 중 비과세된 부분에 대해서는 5년간 분할 납부도 가능하다. 행사 시점에 주식을 처분할 방법이 마땅치 않아 세금을 내기 어렵다면 과세 이연 특례를 이용할 수도 있다. 과세 이연 특례를 신청하면 행사 시점에 소득세를 납부하지 않고, 양도 시점에 양도소득세로 일괄 납부할 수 있다.

회사가 성숙 단계에 접어들면 스톡옵션이 더 이상 효과적인 주식 보상 수단이 되지 못할 수도 있다. 부여 시점에 현재 주가를 기준으로 행사가를 정했는데, 행사 시점에 주가가 떨어질 경우 스톡옵션 행사는 오히려 손해이므로 스톡옵션은 휴지 조각이 된다. 실제로 주가가 급락한 상장 기업의 경우 직원들의 스톡옵션 행사가 급감했다는 소식을 볼 수 있다. 성장 초기에는 행사가가 낮고 회사 주식이 오를 것이라는 기대도 커서 직원들이 스톡옵션을 반길 수 있지만, 성숙기에는 회사가 잘 성장하고 있어도 거래가가 낮아지니 스톡옵션을 행사했을 때 얻을 수 있는 차익도 크지 않아 HR 입장에서는 제도에 대한 고민이 필요하다.

성숙기에 더 효과적인 양도제한조건부 주식

기업 가치 변동이 크지 않은 성숙 단계의 스타트업에 스톡옵션의 대안으로 등장한 것이 'RSU^{Restricted Stock Units 양도제한조건부 주식}'이다. RSU는 일정한 조건과 재직 기간을 달성하면 회사의 주식을 무상으로 지급하기로 약속하는 주식 보상 제도를 말한다. 스톡옵션과 비슷하지만 '주식을 구매할 수 있는 권리'가 아니라 '실제 주식'을 지급하는 것이다. 스톡옵션과 차이점은 주가가 내려도 최소한의 보상이 보장된다는 점이다. 양도 가능한 시점을 장기로 설정하여 장기근속을 유도할 수도 있다. RSU는 구글, 아마존, 테슬라 등 실리콘밸리의 빅테크 회사들이 많이 사용하는 주식 보상 방법으로 알려졌는데, 쿠팡, 한화, CJ 등 국내에서도 도입 사례가 늘어나고 있다.

양도제한조건부 주식의 장단점은 스톡옵션과 정반대이다. 상법에 정의된 자사주 취득 및 처분 방법을 제외하고 부여 대상 및 방법에 별다른 제한이 없어서 기업의 상황에 따라 맞춤으로 주식 보상 제도를 설계할 수 있다는 장점이 있다. 기업 입장에서는 자체적으로 주식 지급 조건을 설정할 수 있어서 특별한 인재들의 근로 의욕을 높이는 동시에 주주로서의 책임감까지 고취할 수 있다. 반대로 구성원 입장에서는 스톡옵션과 같은 세제 혜택을 받을 수 없다는 한계가 있다. 기업 입장에서 RSU 제도를 도입하기 위해서는 하나의 관문이 더 존재한다. RSU는 회사가 소유한 자기 주식을 임직원에게 지급하는 개념이기 때문에 회사가 먼저 자사주를 취득해야 한다. 상법상 자사주는 배당 가능한 이익 범위 내에서만 취득이 가능한데, 대부분의 스타트업은 적자 상태라 배당할 수 있는 이익이 없고 따라서 자사주 취득이 쉽지 않다.

효과적인 주식 보상 전략

주식 보상은 지금까지 살펴 본 스톡옵션부터 RSU 외에도 우리사주, 가상의 주식을 부여하는 형태로 운영하는 팬텀 스톡 등 다양한 방법Vehicle이 있다. 각기 다른 보상 방법에 따라 도입 방법 및 부여 절차, 사후 관리 방법도 모두 다르다. 따라서 회사의 성장 단계에 맞게 적절한 주식 보상 제도를 도입하는 것이 중요하다.

첫째, 주식 보상을 하려는 목적을 명확히 해야 한다. 흔히 주식 보상의 목적은 회사의 가치와 개인의 보상을 연결하여, 구성원이 주인의식을 가질 수 있게 하기 위함이라고 말한다. 현금 여력이 부족한 상황에서 우수인력을 확보하기 위한 연봉협상의 도구로, 보상 수준을 높이기 위한 수단으로, 격려와 포상의 의미로 활용되기도 한다. 코스피 상장 기업의 경우, 우리사주 의무 배정 등 법적 기준 때문에 지급하는 주식 보상도 있다. 상황과 목적에 따라 주식 보상의 방식과 전략은 달라질 수 있기 때문에 이유를 명확히 해야 한다. 예를 들어 핵심기술을 보유한 개발자를 영입하기 위해 스톡옵션을 활용한 채용 전략을 세우는 것은 적절할 수 있지만 회사의 전체적인 보상 경쟁력을 높이기 위해 전체 구성원 대상으로 스톡옵션을 활용하는 것은 기대만큼 효과가 나지 않을 수도 있다.

둘째, 주가의 흐름이나 상황에 따라 적합한 방식을 판단해야 한다. 기업의 주가와 시장의 흐름은 계속 변화하기 마련이다. 동일한 수량의 주식이라도 부여받는 시점의 주가에 따라 가치는 크게 달라질 수 있다. 특히 스톡옵션과 같이 현재 대비 상승분이 보상되는 방식은 이미 주가가 많이 상승해 있는 상황에서는 매력적인 보상이 되지 못한다. 반대로 주가가 낮아져 반등이 예상되는 상황에서는 앞으로의 상승 기대감으로 효과적인 동기부여 수단이 될 수 있다. 주가가 하락세에 있거나 이미 많이 상승해 있는 상황에서는 RSU와 같은 실물주식을 부여하는 방식이 적합하고, 스타트업 초기나 아직 상장 계획이 선명하지 않은 상황에서는 스톡옵션과 같은 권리 부여 방식이 적합할 수 있다.

셋째, 회계 세무 공시 등 법률과 제도적 제한 사항을 확인해야 한다. 주식 보상은 상법, 벤처기업법, 세법 등 여러 법률 기준 아래 운영할 수밖에 없다. 기업 자체적인 의사결정으로 운영할 수 있는 현금 보상과는 다르다. 예를 들어 스톡옵션을 나중에 행사할지 안 할지 알 수 없고 현재의 현금에 영향을 주지 않는 것처럼 보이지만, 실제 회계상으로는 공정가치를 평가하여 부여 시기부터 행사 시점까지 비용 반영이 이루어져야 한다. 각 주식 보상의 방식들이 적용되는 법적 기준을 먼저 면밀히 검토한 후에 적합한 방식을 선택해야 한다. 검토가 부족한 경우, 주식을 부여할 당시에는 충분히 효과적이라고 생각했다가 막상 부여 받은 이후에 회사와 구성원 모두 난처한 상황에 놓일 수 있다.

넷째, 당장의 현금흐름에 부담이 없는 미래의 사건으로 생각해서 자칫 주식 보상의 비중을 지나치게 늘리는 것은 경계해야 한다. 주식 보상의 규모가 클수록 처분 후 이탈 등의 리스크도 따른다. 주식이 반드시 기업의 실적이나 경영 상황에 비례하는 것이 아니기 때문에, 내실은 뒷전으로 둔 채 주가만 오르기를 바라보게 될 가능성도 있다. 주식의 변동성 때문에 구성원 입장에서도 주식보다는 안정적인 현금 보상을 선호할 수도 있다. 따라서 주식 보상과 현금 보상의 적정 비율을 고려한 보상 전략을 고민하는 것이 매우 중요하다.

주식 보상의 핵심은 주식 가치의 소통

주식 보상 제도를 효과적으로 운영하려면 구성원과 회사 성장의 로드맵을 공유해야 한다. 기업가치와 개인의 보상을 연결하여 장기적 동반 관계를 설정하려는 원래의 취지를 가장 잘 살리는 방법이기도 하다. 주식이나 스톡옵션을 가지고 있는 직원은 직원이면서 동시에 회사의 투자자이다. 투자를 유치할 때 우리 회사의 현재 가치, 성장 로드맵, 향후 가치를 설명하는 것처럼 직원들에게도 회사의 가치와 성장 로드맵을 명확히 전달해야 한다.

스타트업 이직을 한두 번 하다 보면 "스톡옵션은 어차피 있으나 마나"라는 푸념 섞인 말들을 주고받기도 한다. 반대로 초기에 너무 많은 지분을 직원들에게 나눠주고 이후 지분 문제로 후회하는 경우도 있다. 양쪽 모두 주식의 가치를 소통하는 데 실패해서 발생한 문제이다. 주식 보상은 스타트업의 꽃이지만, 그 꽃을 피우기 위해서는 섬세한 노력이 필요하다.

성장을 위한 잡 레벨링 전략

2022년경 스타트업 간 개발자 영입 경쟁이 극에 치달았을 무렵, 개발자 이직 시 수천만 원의 사이닝보너스를 제공한다고 홍보하는 스타트업이 많았다. 실제로 개발자들이 30% 상당의 높은 연봉 인상을 받아 이동하는 경우가 적지 않았다.

마켓 상황이 이러하니, 안정적으로 근무하던 개발자들도 조직 내 연봉협상 시즌이 되면 마켓 인상률을 반영해 달라거나 타사 제안을 가져와 추가 인상을 요청하는 일이 비일비재했다. 지금에 와서는 스타트업계 HR뿐만 아니라 서치펌의 헤드헌터 그리고 개발자 스스로도 '언제 꺼질지 모를 거품 현상'이었다고 당시를 회상할 것이다. 한 조직에서 묵묵히 일하고 꾸준히 성장해 가는 구성원으로서는 상상도 못 할 보상 혜택이 이직이라는 명목으로 주어지고 있었던 것이다. 인재 영입의 시급도 외에는 개인의 역량도 조직의 성장 체력도 어느 하나 변화가 없는 상황에서 말이다.

새로운 조직으로 이직해 들어온 개발자와 이미 조직에 있던 기존 개발자를 비교해 보면, 각 개인의 연봉 인상 배경과 경력이 다르다 보니 유사한 직무를 맡고 비슷한 연차와 역량 수준을 가진다 하더라도 연봉 차이가 상당한 경우가 많다. 몇 번 이직했는지, 언제 이직했는지만 다를 뿐 비슷한 역량으로 크게 차이 나지 않는 성과를 보이고 있다면 조직의 보상 담당은 난감하지 않을 수 없다. 이 경우 중장기적 관점에서 적정 수준의 보상 조정을 위해 잡 레벨링Job

Leveling을 검토하는 것도 하나의 방법일 수 있다.

잡 레벨링이란?

잡 레벨링은 구성원이 수행하는 업무를 기술한 직무기술서, 즉 JD^{Job Description}를 바탕으로 각 포지션의 상대 점수를 유사한 점수끼리 그룹으로 묶은 밴드 즉 그레이드^{Grade}를 구성원의 육성, 이동 및 승진의 기준으로 활용하거나 보상에 차등 적용하는 포지션 그레이딩^{Position Grading} 방법이다. 포지션은 조직 내 역할 수준^{Role Level}과 직무^{Function}를 포괄할 개념으로 구성원이 '맡고 있는 자리'로 볼 수 있으며, 잡 레벨링은 다양한 포지션의 상대가치를 비교, 평가하는 과정으로 '사람'이 아닌 '포지션'을 평가 대상으로 한다. 직무의 가치와 이를 수행하는 사람의 가치는 별개이며 직무수행자가 변경될 가능성이 있음을 전제로 한다.

잡 레벨링 도입 방법

포지션 평가를 위해 각 포지션별로 기준이 되는 일명 스탠다드 포지션^{Standard Position}을 먼저 정의한다. Senior Manager, Manager, Experienced, Entry 등으로 역할 수준을 정하고 이를 제품, 전략, 세일즈, HR 등의 직무별로 대입하면 조직 내 평가해야 할 모든 포지션이 정의된다. 이후 각 포지션을 평가할 기준인 역량 항목을 구성한다. 컨설팅사와 함께 잡 레벨링을 진행하는 조직의 경우 포지션 평가요소는 설정한 평가 툴에 따라 다양하게 설정될 수 있지만, 자체적으로 진행하는 경우 조직에서 직무수행을 위한 필수 역량으로 중요하게 여기는 항목을 4~5개 정도로 설정한다. 역량 항목의 예로

'커뮤니케이션, 조직 내 영향력, 혁신, 지식' 등이 있으며, 스타트업의 경우 핵심 역량이나 인재상에서 역량 항목을 가져오는 것도 방법이다.

조직만의 역량 항목을 설정하였다면 각 역량별 하위 지표도 3~4개 정도 설정하여 역량별로 어느 정도의 완성도를 충족해야 고역량으로 보고 높은 점수로 평가할지 판단하는 데 도움이 되도록 한다. 예를 들어 조직 영향력이라는 역량 항목에 대해서는 포지션이 속한 사업부나 직무의 규모, 해당 포지션이 미치는 영향력의 범위와 상대적 공헌도 등을 하위 지표로 정의하여 이 지표들을 얼마나 충족하는지에 따라 조직 영향력에 대한 점수가 매겨진다. 즉, 각 역량 항목을 수행하는 데 필요한 난이도나 영향력 등을 감안하여 하위 지표를 3가지 정도로 설정해둔다.

역량 항목과 하위 지표 정의가 완료되면 이를 바탕으로 본격적으로 포지션을 평가하여 결과를 점수화한다. 규모가 큰 조직의 경우 큰 사업부 단위로 조직의 규모나 기여도 등을 해당 조직 내 포지션의 가중치로 반영하기도 하지만, 스타트업의 경우 약식으로 각 직무별로 포지션 점수를 매기는 것으로 진행해도 무방하다. 실제 평가하는 포지션을 앞서 정의한 스탠다드 포지션의 역량 항목과 하위 지표 점수와 비교하여 해당 포지션의 점수를 산출한다.

포지션 평가가 진행되면 유사한 점수를 가진 포지션을 그룹핑하여 그레이드를 산출한다. 그레이드 개수는 조직에 따라 달리 설정할 수 있는데, 보다 명확하게 개별 포지션 단위별로 보상 수준을 관리하고자 하거나 조직 변화가 적은 곳의 경우 작은 단위의 점수별로 포지션들을 묶어 Narrow Band 7~8개의 그레이드를 설정한다. 반면 유사한 점수의 포지션들에 공통으로 급여 밴드Pay Band를 적용하고자 하거나, 보다 유연한 이동과 배치를 추구하는 조직의 경우 큰 단위의 점수별로 포지션들을 묶어Broad Band 4개 정도의 그레이드를 산출하기도 한다.

도표 5. 다양한 그레이드 설정

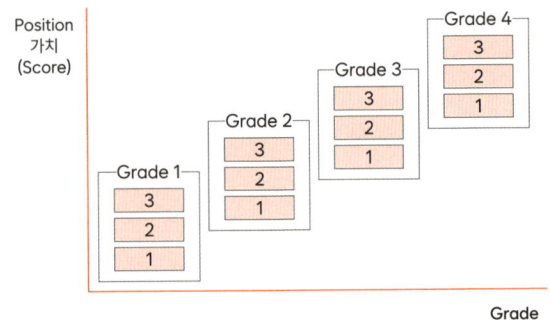

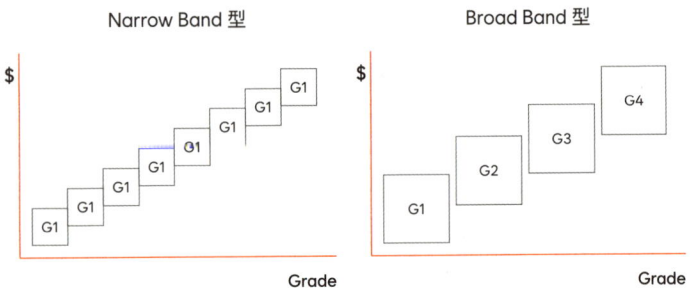

그레이드 활용하기

이렇게 산출된 그레이드는 직무의 등급체계를 의미하며, 구성원의 보상 및 승진을 관리하는 핵심 기반이 된다. 그레이드가 조직 내 역할과 책임의 상대적 수준 차를 나타내므로, 역할 범위 확대에 따른 승진의 기준으로 활용할 수 있다. 그레이드별로 보상 수준 및 지급 원칙을 차별화하여 인재 영입 시 처우 협의에 활용하거나 기존 직원의 역량과 연차 대비 연봉이 역전되는 예외적인 상황이 있을 경우 조정안Adjustment Plan을 수립하는 기준으로도 활용할 수 있다.

또한 잡 레벨링이 조직 내 구성원이 맡고 있는 모든 포지션에 대한 역할을 정의한다는 점에서 현재 각 구성원에게 요구되는 기대 수준을 명확히 전달할 수 있다. 비슷한 직무와 직군의 경우 상위 레벨의 JD를 참고함으로써 리더가 구성원과의 1on1에서 성장 관점의 커리어 패스로도 활용할 수 있다. 단순히 직무에 대한 역할뿐만 아니라, 실제 포지션 점수를 매기는 데 반영된 중요한 역량 항목을 공유하며 피드백의 기준으로 삼을 수 있다.

많은 기업이 직무기술서를 기반으로 인재를 영입하고, 이후 입사자는 JD에 기술된 내용을 바탕으로 업무를 진행한다. 당초 JD를 기반으로 연봉협상이 되었고 이를 수행하는 과정에서 필요한 역량 성장 정도가 추후 연봉 인상의 기준이 된다는 점에서 JD는 구성원의 역할과 기대 수준을 이야기하는 가장 기초 자료이다. 이를 잘 정의하고 직무별로 레벨화하는 과정에 많은 에너지가 투입되더라도 인재 영입뿐 아니라 입사자의 성장과 보상 측면에서 활용도는 매우 높다. 이는 잡 레벨링을 도입하지 않는 조직에도 마찬가지이다.

잡 레벨링 운영 시 고려할 점

구성원들의 기대 수준을 명확히 하고 커리어 성장을 지원한다는 측면에서 잡 레벨링은 효과적이다. 하지만 모든 스타트업에 딱 떨어지는 정답이 없듯 조직 규모나 상황에 따라선 충분한 검토가 필요하다.

첫 번째 고려해야 하는 것은 '조직 규모'다. 적어도 100명에서 150명이 넘어가는 규모에서는 잡 레벨링을 통해 적절하게 직무별로 그룹을 나누고 방향성을 제시할 수 있다. 하지만 100명 이하 조직에서는 잡 레벨링을 정하는 데 필요한 리소스에 비해 그 효과가 크다고 보기 어렵다. 특히 조직 규모가 작더라도 직무 개수는 적지 않은 경우, 잡 레벨링을 결정하는 시간에 차라리 개개인과 1on1 대화를 통해 동기를 이끌어내는 것이 나을 수 있다. 자칫하면 리소스 낭비가 될 수 있기 때문이다.

두 번째는 '유연성'이다. 기대하는 바를 명확하게 정의하는 것은 중요하지만 그 과정에서 스스로의 역할이나 책임 범위를 제한할 수도 있다. "그건 제가 기대 받는 범위를 넘어서는 것 같은데요?"라는 질문이 나오면, 리더 입장에선 유연한 조직 운영이 어렵다. 즉, 다양한 직무를 넘나들며 문제를 해결하길 바라는 조직문화라면, 잡 레벨링은 걸림돌이 될 수도 있다. 더불어 잡 레벨링에 맞게 구성원을 배치할 때, 불필요한 논쟁이 벌어질 수 있다. 100% 객관적인 평가는 어려울 수밖에 없고 리더의 주관적인 평가에 의지하게 되는데 이때 동의하지 않는 구성원들은 사기가 저하될 수 있다.

세 번째로 높아진 기대치가 자칫하면 발목을 잡을 수도 있다. 특히 경력 초기에는 레벨도 빠르게 오를 수 있고, 그에 맞춰 보상도 함께 상승하기에 즐거움을 느낀다. 하지만 어느 순간 레벨이 정체되는 시점이 오게 되는데 이것이 역설적으로 이직의 단초를 제공하기도 한다. 성장에 대한 기대치를 부여하는 것은 좋지만, 그것이 꺾였을 때는 기대에 대한 좌절이 더 크게 느껴질 수도 있기 때문이다. 그래서 잡 레벨링을 도입하기 전에 조직의 상황과 문화를 충분히 고려할 필요가 있으며, 그렇게 전사적으로 잘 얼라인 되었을 때 잡 레벨링 효과는 배가 될 것이다.

5장

스타트업, 조직문화가 반이다

조직문화는 조직에서 쉽게 관찰되고 경험 가능한 인공물과 표방하는 믿음과 가치 그리고 암묵적인 기본 가정으로 이루어진다. 여기서 암묵적인 가정이란 '구성원 사이에서 당연하다고 믿는 것'을 뜻한다.

신뢰의 조직문화, 어떻게 소통해야 할까

소통은 어렵다. 규모가 커질수록 더욱 그렇다. 구성원들은 CEO를 비롯한 경영진이 어렵게 느껴지고, 아쉬운 것은 경영진도 마찬가지다. 기업 평판 사이트에 올라오는 불만 가득한 글을 읽으면서 마음의 문을 닫거나 서로 오해가 쌓이는 경우도 있다.

어느 스타트업은 지난 몇 년 동안 급속도로 성장했는데, 소통의 어려움을 극복하기 위해 '익명 채널'을 만들었다. 누구나 CEO에게 직접 메시지를 보낼 수 있게 되었고 그 과정이 공유되지 않도록 철저히 암호화했다. 리더에게 말하기 어려운 이슈가 있거나 조직의 문제점을 지적하고 싶을 때 누구나 사용할 수 있었다. 조직이 커지면서 CEO가 현장의 목소리를 놓치는 경우가 많은데 충분히 보완이 될 수 있지 않을까 기대되었다.

익명 채널의 명과 암

익명 채널은 기대했던 효과를 얻었을까? 도입 초기에는 반응이 나쁘지 않았다. 몇몇 문제들은 CEO를 통해 직접 해결되기도 했다는 신화 같은 이야기들이 조직에 퍼졌다. 하지만 시간이 흐를수록 기대했던 효과는커녕, 예상치 못한 역효과가 생기기 시작했다. 어느 날 동료가 이런 이야기를 했다.

"회사에 정말 실망했어요. 익명 채널이 있으면 뭐 합니까. 제가 사실

몇 달 전부터 메시지를 보냈거든요. 그런데 아무런 답변이 없어요. 적어도 되면 된다, 안 되면 안 된다고 답변이라도 있어야 하는 게 아닐까요? 제 주위 동료 몇 분도 익명 의견 보냈는데 답변이 없다고 하더라고요. 어차피 소통하지 않을 거라면 채널 자체를 만들지 말든지, 마치 소통이 될 것처럼 기대하게 해놓고 아무런 반응이 없으니 더 화가 나는 것 같아요."

문제의 원인은 소통 과정에서의 불투명성이다. 신뢰 자본은 서로 작은 약속들을 지키면서 쌓여나간다. 아무리 나쁜 의도가 없다고 하더라도, 상황이나 답변을 예측할 수 없을 때 쉽게 스트레스를 느끼고 신뢰는 쌓이지 않는다. 좋은 소통은 한 방향으로 이뤄지지 않기에, 스위치로 비유할 수 있다. 스위치를 누르면 전등이 켜지고, 다시 누르면 꺼진다. 우리가 아무리 많이 말한다고 하더라도 스위치를 눌러도, 상대측에서 반응 혹은 변화가 없다면 전등이 켜지지 않으면 소통되지 않은 것이다. 대화도 마찬가지다. 상대방이 내 말에 아무런 반응이 없거나 본인이 하고 싶은 말만 한다면 더는 말하고 싶지 않다.

    스위치를 눌러도 전등이 켜지지 않으면 어떤 일이 일어날까? 좌절된 기대는 소통 채널 스위치 그 자체에 대한 불신으로 이어진다. 애초 기대감을 주지 않았다면 그나마 낫다. 원래 위계적인 조직이고, 그러한 문화에 익숙한 사람들이라면 불만이 덜할 수 있다. 하지만 소통이 잘 될 것 같은 기대감이 좌절되었을 때 조직과 리더에 대한 불만이나 실망은 더 큰 부메랑이 되어 돌아온다. 내부에서 수용되지 못한 메시지들은 잡플래닛이나 블라인드와 같은 외부 익명 채널을 통해서 확산되고, 악순환은 계속 반복된다.

구성원과의 신뢰를 높이는 소통 방법

이쯤되면 '익명 채널이 과연 필요한가'라는 의문을 갖게 된다. HR 담당자들은 한번쯤 그런 생각을 해봤을 것이다. 익명보다는 기명으로 솔직하게 커뮤니케이션하는 문화를 만들면 되는 것이 아니냐고 물을 수 있다. 하지만 우리가 처한 현실도 인정해야 한다. 조직 차원에서 충분한 심리적 안전감이 확보되지 않거나 커뮤니케이션 훈련이 잘 이뤄지지 않은 상태에서 오로지 기명으로만 의견을 받게 되면 솔직한 의견이 공유되지 않을 수 있기 때문이다. HR팀 입장에선 들어야 하는 목소리를 듣지 못하고, 구성원 입장에서도 답답한 것은 매한가지다. 또한 타인을 배려하지 않은 기명 의견은 자칫 분위기를 경직시킬 수 있다. 그러한 이유로 조직 내 불만이 내부에서 충분히 다뤄지지 않으면 외부로 퍼져나가는 것은 시간 문제이다. 나 또한 익명 채널의 장단점을 함께 고려했지만, 앞선 현실을 감안하여 익명 채널을 만들었다. 단 부작용을 최소화하기 위해 몇 가지 원칙을 추가했다.

예를 들어 한 가지 원칙은 구성원의 모든 의견에 대해서 답한다는 것이다. 이때 답을 한다는 것이 의견이나 요구를 모두 받아들인다는 뜻은 결코 아니다. 가령 "재택 근무가 필요해요"라는 익명 질문이 들어왔다고 해서 "바로 시행하겠습니다"라고 대답할 수는 없다. 질문이나 제안에 대해 거절할 때도 많았지만 그럼에도 불구하고 최대한 의사결정의 맥락을 공유하고 투명하게 소통하고자 노력했다. 또 다른 원칙은 반드시 정기적으로 진행하는 것인데, 구성원 입장에서 예측이 가능하도록 매번 전사회의마다 취합된 익명 질문을 소개하고 답변을 공유했다. 구성원 의견이 반영되기도 하고 그렇지 않을 때도 있었지만, 적어도 구성원 입장에서 '스위치가 작동하고 있다'고 인식되도록 하고 싶었다. 소통 과정의 투명성, 그것이 신뢰의 시작 아닐까?

전사 회의, 어떤 방식으로 운영되어야 할까?

한 스타트업 HR담당자를 만났다. 구성원들과의 소통이 너무 힘들다고 어려움을 토로했다. 특히, 공지를 할 때마다 부정적인 반응이 너무 많고 댓글을 통해서 갈등이 더 확산되는 것 같다고 안타까워했다.

> "혹시 중요한 공지사항을 모두 슬랙을 통해서 전달하나요?"

나의 질문에 그는 전사회의가 정기적으로 진행되지 않기에 그렇다고 대답했다.

> "쉽지 않겠지만 가급적 전사회의를 진행하시고, 구성원들의 얼굴을 직접 보며 안내하는 것을 추천드려요. 메시지도 중요하지만, 메시지가 전달되는 방식이 메시지보다 중요할 때도 있거든요. 더군다나 논란이 되는 이슈는 현장에서 질문을 주고 받으면서 오해가 바로 해소될 수도 있고, 또 '누가, 언제, 어떠한 톤앤 매너로 말하는지'도 메시지를 수용하는 데 큰 영향을 줘요. 글로는 쉽게 전달될 수 없는 것들이 있으니까요."

사람을 설득하는 데 있어선 논리와 감성이 모두 필요하며, 똑같은 메시지도 '어떻게 전달되는지'에 따라 다르게 인식될 수 있다. 그래서 커뮤니케이션은 어렵다.

이처럼 구성원들과의 원활한 소통을 위해 대부분의 스타트업은 타운홀Townhall 혹은 올핸즈All-hands 미팅이라 불리는 전사회의를 진행한다. 메타의 마크 주커버그는 매주 금요일마다 소통을 하고, 격주나 월 단위로 진행하는 기업도 많다. 회의 주기에 정답은 없지만, 최소 월 단위로 정기적으로 진행되는 것이 바람직하다고 생각한다. '행복은 빈도다'라는 말처럼 구성원들과 신뢰를 쌓기 위해서는 소통의 빈도 역시 중요하기 때문이다. 진행 주기는 조직마다 다를 수 있지만 한 가지 분명한 것은 반드시 정기적으로 이뤄져야 한다는 사실이다. 조찬 모임을 다녀온 CEO가 갑작스럽게 전사 워크숍이나 회의를 주최할 때가 있는데, 그런 식의 일방적이고 비정기적 소통으로는 상호 신뢰가 쌓이기 어렵다. CEO는 구성원들이 자신의 마음을 몰라준다고 속상해 하겠지만 어쩔 수 없는 일이다.

감정 은행 계좌Emotional Bank Account는 책 『성공하는 사람들의 7가지 습관』[9]에 등장하는 개념이다. 저자 스티븐 코비는 관계를 통해 신뢰가 만들어지고 조직 내에서 충분히 신뢰가 쌓일 때 '속도가 높아진다'고 강조한다. 만약 우리의 일상 관계 속에서 감정 계좌의 잔고가 충분하다면, 한두 번의 실수는 허용된다. 실수를 인정하고 새로운 약속을 지키는 과정에서 도리어 신뢰가 더 단단해지기도 한다. 구성원과 회사와의 관계도 마찬가지다. 익명 질문 혹은 구성원이 궁금해 할 중요한 정보를 매월 정기적으로 답변한다는 사실 자

---

[9] 스티븐 코비, 『성공하는 사람들의 7가지 습관』, 김경섭 옮김, 김영사, 2017

체가 구성원에게 신뢰를 주고, 어느새 서로의 감정 계좌에 잔고가 쌓이게 되는 것이다. 물론 슬랙을 통해서 메시지는 전달될 수 있지만, 서로 얼굴을 마주하며 책임감 있게 질문과 대답을 주고 받는 과정은 대체되기 어렵다. 신뢰의 속도가 충분히 쌓여야, 승리하는 조직이 만들어진다.

구성원과 신뢰를 형성하는 3가지 방법

회사와 구성원 간 감정 계좌의 잔고를 높이기 위해선 어떻게 해야 할까? 익명 채널을 운영하면서 많이 고민했던 질문이다.

첫 번째, 사소한 일에 관심을 가져야 한다. 인간관계에서 큰일은 대부분 사소한 것으로부터 발생한다. 우아한형제들은 매월 '우아한 수다타임'을 운영하는데, 김봉진 전 대표의 "작은 일을 이야기하지 못하면 큰일도 이야기할 수 없다"는 철학을 기반으로 간식, 화장실과 같은 사소한 일에 관심을 기울인다.

나 또한 과거 어느 조직에서 기억에 남는 일화가 있다. 비슷한 시기에 두 가지 의견이 들어왔는데 하나는 "사무실이 너무 조용해요. BGM을 틀어주세요"였고, 다른 하나는 "사무실은 일하는 공간 아닌가요? 종종 일할 때 노래를 트는 부서가 있는데, 이어폰을 꽂고 일하셨으면 좋겠어요"였다. 동일한 주제에 대해 완전히 다른 의견이 나온 것이고, 어떻게 답변해야 할지 쉽지 않았다. 대립되는 의견을 함께 공유하면서, '공용 공간이니만큼 서로의 배려가 필요하다'는 것을 강조했고 이후 몇 번의 질의가 더 이어졌다. 문제를 한 번에 해결하는 정답은 없었지만, 익명 채널이 소통 광장 역할을 하며 구성원끼리 대화할 기회를 만들었다. 그 과정에서 다름에 대한 이해도 넓혀나가게 되었다. 사소한 것은 결코 사소하지 않다.

    두 번째로 약속을 쉽게 하면 안 되고, 약속했으면 최대한 지켜야 한다. 약속을 어기는 것은 중요한 인출 행위다. 아무리 많은 신뢰를 쌓았어도, 큰 약속을 몇 번 어기게 되면 계좌는 금방 바닥을 드러내게 된다. 그래서 약속을 지키는 것보다 "어떤 약속을 하지 않을 것인가?"에 답하는 것이 더 중요하다. 종종 기대감을 만들어 놓고, 그에 부응하지 못하는 경우가 있다. 예를 들어 코로나 상황 이후에도 재택근무를 지속하겠다고 해놓고, 경영 환경이 악화되었으니 다시 출근하라고 말한 스타트업도 적지 않다. 물론 그럴 수 있지만, 지금까지 쌓아온 신뢰는 어쩔 수 없이 떨어지게 된다. 이러한 분위기를 잘 나타내는 지표가 잡플래닛 혹은 블라인드 점수다. 점수가 높던 기업이 급속도로 떨어질 때가 있는데, 자세히 들여다보면 '주 4일 근무제'나 '상시 재택근무'를 더는 유지하지 못했을 때가 많았다. 한번 무너진 신뢰를 다시 회복하는 것은 몇 배나 어렵기 때문에, 초기부터 깊이 고민할 필요가 있다. 더불어 제도를 시행할 때 너무 확정적으로 소통하기보다는 시범 기간을 설정하고 충분한 실험 끝에 판단하는 것이 바람직하다.

    마지막으로 회피하기보다 직면하고 잘못이 있다면 즉시 인정해야 한다. 앞서, 약속했으면 지켜야 한다고 강조했지만 실제로는 지키지 못할 상황이 종종 발생한다. 그럴 때 필요한 것은 빠른 인정과 재발 방지 대책을 마련하는 것이다. 하지만 생각보다 많은 경영진들이 상황을 직면하기보다는 회피하려고 한다. 과거 회사에서 아무런 맥락도 없이 전사회의가 사라진 경험이 있다. 그나마 소통할 수 있는 유일한 창구였는데, 그마저도 구체적인 안내 없이 사라지니 구성원 입장에선 당황스러웠다. 그럴 때일수록 더 솔직하게 상황을 공유하고 모두의 헌신이 필요하다고 호소했다면 어땠을까? 특히 어려운 소통일수록 CEO가 직접 나서야 한다. 자신의 옳음을 일방적으로 주장하기보다는 자신의 부족함이나 실수를 투명하게 공유할 때 그리고 책임감 있는 태도를 취할 때 구성원들의 신뢰는 다시 시작된다.

정리하자면 작은 약속부터 차근차근 지켜나가되, 지키지 못한 상황에선 기꺼이 인정하고 책임지자. 그때 우리는 "소통되었다"라고 말한다.

조직문화 TF가 실패하는 이유

양자택일은 어렵다. 중요한 무언가를 선택한다는 것은 다른 중요한 것의 포기를 의미하기 때문이다. 스타트업에서 속도와 안정성은 늘 부딪치는 이슈다. 세일즈 매니저나 프로덕트 매니저는 고객 요구에 맞춰서 빠르게 대응하고자 한다. 반면 개발자는 제품의 안정성과 장애, 확장성을 충분히 고려할 필요가 있다. 누구도 틀린 사람은 없다. 안정적인 비즈니스를 위해서는 두 가지 가치 모두 놓칠 수 없기 때문이다. 그중에서도 특히 HR담당자는 딜레마 상황을 자주 마주한다.

속도와 안정성, 그 딜레마에 대하여

어느 스타트업에서 개발자들과 이야기를 나누던 중, 현재 상황에 대해 불만이 쌓여있다는 것을 느꼈다. 전사 방향성이 비즈니스 속도를 중시하다 보니 리팩토링이나 유닛 테스트를 비롯한 안정성을 위한 노력이 잘 보이지 않는다는 아쉬움이었다. 장애 가능성이 높아지는 것도 문제지만 상황이 지속되면 개발자들의 사기나 리텐션에도 영향을 미칠 수 있었다. 비슷한 상황의 다른 회사 레퍼런스를 찾아보게 되었고 우아한형제들의 피트 스탑$^{Pit\ Stop}$ 사례를 발견했다.

배달의민족은 엄청나게 많은 유저를 보유한 국민 앱이다 보니, 장시간 장애가 발생하면 뉴스에 나올 정도로 임팩트가 컸다. 이러한 문제를 해결하고자 우아한형제들은 1년에 1번, 피트 스탑이라는 업무 재정비 기간을 갖기로 했다. 빠른 레이싱 경기 중에도 잠깐 동안 멈춰 타이어를 교체하고 차량을 보수하는 것처럼, 일의 생산성과 안정성을 높이기 위해서는 꼭 필요한 시간이라고 판단한 것이다. 좋은 레퍼런스였기에 우리 조직에서도 한번 시도해 보자고 제안했다.

문제 예방은 성과로 인정받을 수 있을까

결과는 아쉽게도 절반의 성공이었다. '안정성이 중요하다'는 문제의식에는 모두 공감했다. 원론은 늘 옳지만 문제는 각론이었다. 정비 시간의 필요성은 동의하지만 모든 팀이 그러한 시간을 갖는 것은 어렵다는 의견이 다수였다. 개발 직군은 추후에 진행하자고 결론지어져 개인적으로 아쉬웠다. 비개발 직군에서 차별로 느낄 수 있고, 메시지 강조를 위해서는 함께 하는 것이 좋다고 생각했기 때문이다. 하지만 현실적으로 비즈니스 상황이 여의치 않았고 완료해야 할 과제도 늘 쌓여 있었다. 그래서 이해하지 못할 바는 아니었다. 아직 일어나지 않은 일이기에 우선순위는 낮을 수밖에 없었다.

공교롭게도 얼마 지나지 않은 시점에 장애가 터졌다. 물론 IT 서비스에서 장애는 아무리 조심하더라도 발생할 수 있지만, 당시 상황은 꽤 심각했기에 전사적으로 긴급하게 대처했다. 조직 분위기는 전에 없던 긴장감이 감돌았고, 속도보다는 안정성을 최우선 목표로 삼았다. 일련의 대응을 지켜보며 혼자 상상을 했다. "만약 과거에 제안했던 피트 스탑이 받아들여지고, 이후 아무런 이슈가 발생하지 않았다면 어땠을까?" 일어날 문제를 미리 예방한, 좋은 성과로서 인정받을 수 있었을까?

결론은 '아니다'이다. 아마도 높은 확률로, 나는 해당 기간 동안 여러 부서에서 욕을 먹었을 것이다. 특히 비즈니스 부서에서는 "지금 현장은 바빠 죽겠는데, HR은 또 현실을 모르는 이야기를 한다"는 불만이 터져 나올 수밖에 없었을 것이다. 어쩔 수 없는 일이다. 일어나지 않은 일에는 둔감해지기 마련이고, 눈앞의 이슈는 훨씬 더 커 보이기 때문이다.

나심 탈레브는 책 『블랙스완』[10]에서 세상에서 가장 과소평가된 사람 중 한 명이 랠프 네이더Ralph Nader라고 말한다. 어떤 사람일까? 랠프 네이더는 미국의 변호사이자 저술가 그리고 정치인으로 무엇보다 '안전벨트 의무화 법안'을 이끌어낸 사람이다. 안전벨트가 살린 목숨만 해도 지금까지 얼마나 많을까? 하지만 아무도 그의 이름을 기억조차 못 한다. 늘 그렇듯 우리들은 '당신을 위해서 무엇을 했는지'는 쉽게 인식하지만, '당신으로 하여금 어떤 위협을 피하게 했는지'는 거의 인식하지 못하기 때문이다.

내가 조직문화 TF를 선호하지 않는 이유

문제를 해결하면 주목을 받지만, 문제를 예방하는 사람은 주목을 받지 못한다. 왜냐하면 그 문제는 일어나지 않았기 때문이다. 즉, 일을 잘 할수록 역설적으로 아무 일도 일어나지 않는다. 이러한 딜레마를 가진 부서가 HR과 더불어 정보 보안이다. 성과를 측정하기 가장 어려운 부서이기도 한데 보안 사고가 터지지 않아야 일을 잘하는 것이지만, 그럴수록 눈에 잘 보이지 않는다. 하지만 만약 사고

---

10 나심 니콜라스 탈레브, 『블랙스완』, 차익종 옮김, 동녘사이언스, 2008

가 터진 상황에서 결정적인 소방수 역할을 한다면 활약은 돋보이겠지만 일을 잘 했다고 보기는 어렵다.

이러한 딜레마에도 불구하고, HR은 어떤 부서보다 장기적 시야를 가져야 한다. 다들 얼렁뚱땅 넘어가려고 할 때, HR담당자만큼은 '아니요'라고 말할 수 있어야 한다. 인재를 영입할 때, 속도를 위해 기준을 타협하더라도 당장 문제가 발생하는 것은 아니다. 평가나 피드백이 제대로 이뤄지지 않더라도 현업은 잘 돌아간다. 문화적으로 신경쓰지 않아도 당장 매출이 떨어지는 것도 아니다. 즉 HR 업무 중 어떤 활동도 성과에 직접적으로 기여한다고 볼 수는 없다. 그저 더 나은 인재를 채용하고 더 나은 조직을 만들기 위해 애를 쓸 뿐이다. 그래서 HR은 CEO의 지지와 응원이 절대적으로 요구된다. CEO는 장기적 시야와 문제 예방에 귀를 기울여야 하고, HR은 장기적으로 예상 가능한 리스크를 미리 꺼내 의사결정에 반영할 수 있도록 노력해야 한다.

이러한 맥락에서 나는 조직문화 TF 활동을 특히 선호하지 않는다. 전사 문화를 바꿔야 한다는 CEO의 특명을 받고 조직문화 TF에 참여한 적이 있다. 각 부서의 핵심 인재들이 모두 참가한 협의체였고 많은 아이디어가 등장했다. '구성원 모두가 협력하여 하나의 목소리를 내도록 만드는 것'이 조직문화 TF의 목표였는데, 여러 번의 회의 끝에 도달한 결론은 놀랍게도 '합창 대회'를 여는 것이었다. 물론 전사 이벤트 자체가 의미 없는 것은 아니다. 모두가 공통의 경험을 공유한다는 것은 분명 효과가 있을 수 있다. 하지만 그 이벤트로 조직문화 문제를 해결한다는 것은 어불성설이다. 이벤트 이후에도 조직문화 TF가 유지되고 개선을 이어나갔다면 몰라도,

그 이후 팀은 해체되었고 모든 것은 제자리로 돌아갔다. 어쩌면 한 번에 모든 문제를 해결해 줄 구원자를 찾았던 게 아닐까.

업스트림, 문제 해결에서 문제 예방으로

HR담당자라면 단기적 사고가 아닌 장기적 사고 그리고 문제 해결이 아닌 문제 예방의 중요성을 잊지 말자. 댄 히스는 책 『업스트림』[11]에서 문제에 선제적으로 대응하는 사고방식과 시스템이 중요하다고 강조하는데, 하류에서 막지만 말고 상류로 올라가서 원천적으로 문제를 해결하라고 말한다. 앞서 언급한 '자동차 안전벨트' 사례를 기억하는가? 실은 랠프 네이더뿐만 아니라 수많은 사람들이 개입했고 끝끝내 거대한 문제를 예방한 것이다.

> 잘 설계된 시스템은 최상의 업스트림 개입이다. 자동차에 대한 예를 보자. 1967년 미국에서는 운전자들이 약 16만 킬로미터를 주행할 때마다 5명 사망했다. 50년 뒤에는 안전벨트와 에어백, 제동기술의 발전, 음주 운전자 감소와 개선된 도로 상태 덕분에 사망자가 16만 킬로미터 당 1명 정도로 줄었다. 이는 시스템 개선의 효과지만 누군가가 중앙에서 이를 계획한 것은 아니다. 시스템 설계자도 없었다. 시스템을 개조해 수백만 명의 안전을 지킨 건 자동차 안전 전문가와 운송 엔지니어, 음주운전 예방 캠페인 자원봉사자 같은 사람들이다. ─『업스트림』

---

11   댄 히스, 『업스트림』, 박선령 옮김, 웅진지식하우스, 2021

문제 예방을 위해선 어떻게 해야 할까?

첫 번째, 시나리오 플래닝에 익숙해져야 한다. 문제 상황에 대한 한 가지 대안이 아니라, 최소 2~3가지 대안을 준비하고 각각 장점과 단점을 적어보는 것을 권한다. 그리고 각 시나리오별 단기적인 성과를 넘어 장기적 임팩트까지 생각해 보자. 그럼에도 불구하고, 문제는 터질 수 있다.

그때마다 철저하게 회고하고 다음에 그런 일이 생기지 않도록 하는 것이 두 번째 전략이다. 외양간이라도 제대로 잘 고치면 좋은 조직이다. 의외로 소를 아무리 잃어버려도 외양간은 쳐다도 보지 않는 곳들이 많다. 예를 들어 나는 채용 회고 미팅을 자주 했는데, 인터뷰 과정에서 평가가 좋았음에도 실제 성과가 그렇지 않을 때 모든 인터뷰어를 불러 모아놓고 철저히 회고하고 이후 프로세스를 개선하고자 애썼다.

마지막으로 문제 예방을 위한 체크 리스트를 활용해야 한다. 나는 월별 그리고 분기별로 HR에서 꼭 챙겨야 할 이벤트를 미리 정리했고, 체크 리스트를 만들어 공유했다. 개인정보 보호를 위한 이력서 지우기부터 비정기적 노무 감사를 대비하는 것까지, 예방적 이슈를 정기적으로 챙기고자 했다. 이러한 노력일수록 성과로 드러나지 않기 때문에 역설적으로 리더가 미리 챙길 수 있어야 한다. 그렇게 예상되는 시나리오를 작성하고 철저하게 회고하고 체크 리스트로 꾸준히 챙기다 보면 좋은 의미로 '아무 일이 일어나지 않는' 조직을 만들어 갈 수 있지 않을까?

우리 회사의 북극성, 컬처덱 만들기 A-Z

실리콘밸리에서 가장 많이 읽힌 문서는 다름 아닌, 넷플릭스의 <컬처덱>이다. 지금은 워낙 잘 나가지만 넷플릭스도 2001년에는 생존을 위해 대규모 해고를 해야 했다. 그 이후 오랜 시간을 고군분투하면서 구성원 한 명 한 명의 능동적인 자세와 책임감이 중요하다는 것을 깨달았다. 각자 어른답게 행동하고, 그에 맞춰서 최고의 대우를 해주는 그들만의 문화와 원칙이 만들어진 것이다. 이처럼 넷플릭스뿐만 아니라 모든 회사에는 명시적이든 암묵적이든 '핵심가치'가 존재한다. CEO를 비롯한 구성원들이 중요하게 생각하는 공통의 신념이자 가치관이다.

조직문화의 구조

조직문화를 공부할 때, 가장 먼저 접하게 되는 그림은 에드거 샤인의 '조직문화의 구조'다. 조직문화는 총 3개의 차원, 즉 조직에서 쉽게 관찰되고 경험 가능한 인공물^{Artifact}과 표방하는 믿음과 가치$^{Espoused\ Belief\ and\ Values}$ 그리고 암묵적인 기본 가정$^{Basic\ Underlying\ Assumptions}$으로 이뤄진다. 그중 암묵적인 가정은 '구성원들 사이에서 당연하다고 믿는 것'을 말한다. 회사가 아무리 자율이나 소통을 강조한다고 하더라도 구성원 사이에서 받아들여지지 않으면 문화라고 볼 수 없다는 것이다. 물론 그렇다고 잡플래닛이나 블라인드와 같은 익명 게시판이 문화를 100% 반영한다고 할 수도 없다. 진실은 표방하는 가치와 익명의 목소리 그 사이 어딘가에 있는 게 아닐까. 수면 위로 드러난 영역보다 바닷속 실제 빙산에 주목해야 하듯, '암묵적 가정'이야말로 조직문화의 본질이다.

컬처덱은 왜 필요할까? 어떤 조직에서 '자율'이란 가치를 표방하고 있지만, 몇몇 구성원들은 '이야기하고 싶은 것을 누구에게나 할 수 있는 것'이 자율이라 생각하고, 누군가는 '업무를 자기주도적으로 찾아서 추진하는 것'이 자율이라고 한다면 어떻게 될까? 각자 생각하는 '자율'에 의해서 행동했을 뿐이지만, 조직 관점에선 혼란이 올 수 있다. 즉 우리가 지향하는 핵심가치를 구체적으로 정의하고, 그것이 어떤 행동을 의미하는지 사전에 약속해 둘 필요가 있다. 그렇게 표방하는 가치를 정의하고 소통하기 위한 방법으로서, 컬처덱은 좋은 수단이다.

도표 6. 조직문화의 세 가지 차원

조직문화의 구성요소	정의	사례
인공물 (Artifacts)	조직에서 쉽게 관찰되고 경험이 가능하며 인위적으로 만들어 낸 결과물.	업무 환경, 조직 구조, 업무 가이드, 복장, 상징물과 관행, 용어 등 눈에 보이는 모든 것.
표방하는 믿음과 가치 (Espoused Beliefs and Values)	조직이 지향하는 가치가 선언된 문구로 정리된 것.	조직 미션과 비전, 핵심가치, 일하는 방법 등
암묵적 기본 가정 (Basic Underlying Assumptions)	구성원들 간에 무의식적으로 자리 잡은 믿음과 가치들. 지극히 당연하다고 믿는 것.	'우리 조직은 이런 상황에서 이렇게 행동 할 거야' '이런 상황에서 당연히 이것을 선택할 거야'라는 공유된 인식

'버즈빌'의 컬처덱 제작기

리워드 기반의 올인원 플랫폼 버즈빌은 지금까지 4번의 리뉴얼을 진행한, 컬처덱에 진심인 회사다. 버즈빌이 조직문화와 핵심가치의 중요성을 깨닫게 된 계기는 2014년으로 거슬러 올라간다. 당시 버즈빌은 30억 원의 대규모 투자를 받으며 한국과 일본에서 가파른 성장을 거듭하고 있었다. 그 여세를 몰아 글로벌 진출에 도전했다. 구성원의 절반이 미국으로 향했는데 광고의 본고장인 미국 실리콘밸리에 깃발을 꽂겠다는 의지였다. 하지만 4개월 만에 다시 한국행 비행기에 몸을 싣게 되고, 이내 찾아온 혹독한 시기를 거치며 조직문화에 대한 근본적인 고민을 하게 되었다.

회고를 통해 발견한 것은 미국 진출에 급급해서 버즈빌만의 문화를 정의하고 소통하는 과정이 없었다는 사실이다. 서로를 잘 아는 전문가들이 모여서 창업했고 익숙한 방식대로 업무를 수행했지만, 새롭게 합류한 인원이 많아지면서 어떤 기준으로 채용해야 하는지, 조직에서 무엇을 추구하는지 혼란스러웠다. 결국 스스로의 기준을 명확하게 세우지 않았다는 것을 '실패의 원인'으로 지목했고 이를 극복하기 위한 대안으로 컬처덱을 만들었다. 그 이후 2~3년에 걸쳐서 꾸준히 업데이트가 이뤄졌고 최근 4번째 리뉴얼까지 마쳤다. 조직 성장과 함께 컬처도 진화하는 것이다.

스타트업에서 컬처덱의 중요성은 더 커지고 있다. 제조업 기반의 회사는 비교적 위계에 따라서 목표가 하달되고 업무 방식도 쉽게 감독할 수 있다. 하지만 스타트업의 경우 위계에 얽매이지 않을 뿐더러 구성원 각자 자율적으로 업무하는 데 익숙하다. 그래서 역설적으로 규율이 더 중요해진다. 자율 경영으로 유명한 고어[W. L.]

Gore & Associates에선 '흘수선 원칙'이란 흥미로운 규정이 있다. 조직을 배로 비유해 보자. 물이 닿지 않은 흘수선 위에선 구멍이 나더라도 배가 가라앉지 않기에 다양한 실험을 해볼 수 있는 자유가 허용된다. 하지만 흘수선 아래에서 구멍이 나면 모두 함께 탄 배가 가라앉을 수 있다. 그만큼 리스크가 있는 결정이기 때문에 반드시 주변 동료 및 팀장과 의견을 나누어야 한다. 스타트업처럼 자율을 추구하는 문화일수록 명확한 규율과 기준이 더욱 필요한 이유다.

도표 7. 흘수선이란?

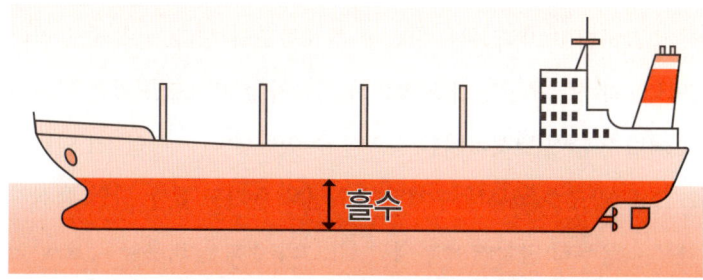

우리 조직에 맞는 구성원들을 잘 영입하고 그들이 몰입해서 일하는 문화를 만들기 위해선 '우리 회사가 추구하는 가치와 행동이 무엇인지'를 먼저 정의하고 채용 단계부터 온보딩, 이후 다양한 리뉴얼을 통해 꾸준히 알려야 한다. 컬처덱은 또한 훌륭한 채용 콘텐츠가 되기도 하는데 후보자 입장에선 조직이 지향하는 가치를 쉽게 파악할 수 있고 조직을 이해하는 데 많은 도움을 받는다. 가치에 공감하는 후보자들이 지원하기 때문에 조직 입장에서도 조직문화를 강화하는 데 도움이 된다. 이처럼 컬처덱을 잘 활용하면 모두가

한 방향을 바라보도록 도울 수 있다.

컬처덱을 만들 때 주의할 점 3가지

컬처덱 제작, 어디서부터 시작해야 할까?

가장 먼저 해야 할 것은 열린 토론을 통한 의견 취합이다. CEO를 비롯한 리더 그룹의 의견을 듣는 것과 동시에 구성원 목소리도 취합해야 한다. 방식은 다양하다.

첫 번째는 구성원들의 '투표'다. 처음 컬처덱을 만들었을 때 40가지 정도의 핵심가치 카드 Core Value Cards를 공유하고, '우리 회사에서 중요하다고 생각하는 가치'에 투표하도록 했다. 놀랍게도 리더급이 생각하는 키워드와 구성원이 생각하는 키워드가 거의 일치했고 어렵지 않게 핵심가치를 정의할 수 있었다. 추가적인 1:1 인터뷰와 그룹 워크숍을 통해 구체적인 의견을 듣기도 했다. 만약 핵심가치를 처음부터 만들어야 한다면 CEO의 철학을 비롯한 주요 리더급의 목소리를 정리하는 것이 우선되어야 하고, 이미 존재하는 핵심가치를 리뉴얼해야 한다면 구성원들과 함께 다듬어나가는 것을 추천한다.

두 번째는 다양한 의견을 기반으로 한 '키워드 도출'이다. 지금까지 나온 의견을 분류하고 정리하는 시간이 필요한데 생각보다 많은 시간이 걸릴 수 있다. 특히 핵심가치는 서로 대립되거나 상충되지 않도록 선별되어야 하고, 키워드를 정리할 때는 너무 뻔해서도 너무 낯설어서도 안 된다. 버즈빌에선 기존 핵심가치를 보완하기 위해서 새로운 키워드를 2×2 매트릭스로 배열했다. 예를 들어 버즈빌의 자율이란 '책임에 기반하여 자기주도적으로 일한다'는 것을 의미하는데, 회사가 지향하는 방향성을 시각적으로 나타내고자 했다. 우아한형제들의 핵심가치는 '규율 위의 자율, 스타보다 팀워크, 진지함과 위트, 열심만큼 성과'로 하나의 키워드만 사용하지 않았다. '보다'를 통해 우선순위를, '만큼'을 통해 가치 양립을 강조했다. 조직의 핵심가치만 보더라도 표현에 얼마나 많은 고민이 있었는지 알 수 있다.

세 번째는 커뮤니케이션을 통한 '공감대 형성'이다. 나는 컬처덱 제작에 10%, 소통에 90%의 노력을 써야 한다고 말하는데, 그 이유는 컬처덱을 만들어 내는 것보다 제작 과정에서 구성원들이 '핵심가치를 경험하도록 하는 것'이 더 중요하다고 믿기 때문이다. '말하기보다 보여주기'가 훨씬 효과적이며 아무리 전사회의, 포스터, 워크숍, 교육, 굿즈 등 갖가지 방식으로 핵심가치를 공유한다고 하더라도 CEO의 행동이나 의사결정이 핵심가치와 다르거나 리더그룹이나 HR팀에서 엉뚱한 모습을 보여준다면 구성원들은 뒤에서 코웃음을 칠 것이다. 결국 소통의 진정성은 컬처덱 제작 과정 및 실제 모습에서 드러나게 되어 있다. 너무 멋지게 시작할 필요도 없고 조금 어설퍼도 괜찮다. 한두 번의 시도로 만족하지 말고 지속적으로 조직을 회고하며 꾸준히 업데이트해 보는 것을 권한다. 끝끝내 구성원의 공감을 얻으면서도 행동까지 자연스럽게 변화시킬 수 있을 것이다.

자율, 창의, 소통을 위한 환경 조성

자율적인 업무환경, 수평적인 의사소통, 창의성을 존중하는 조직….

　스타트업들이 채용공고에서 회사소개 난에 '우리 회사는요'로 시작하는 문단에서 기술하고 있는 내용들이다. 무료 간식, 수면실, 시차 출퇴근, 자유로운 연차 사용 등 입사하면 제도에 얽매이지 않고 자유롭게 즐기면서 일할 수 있을 것 같은 동기를 유발하는 매력적인 복리후생 제도들도 많이 있다. 공고를 읽는 후보자라면 마치 내가 이 회사에 입사하면 자유롭게 일하고 필요할 때 쉬고 존중받으며 일할 수 있을 것 같은 생각을 하게 된다. 공고에 기술된 지원들과 더불어 나를 둘러싼 작은 의사결정에 제한과 승인 없이 스스로 판단할 수 있는 자율까지 보장된다면, 업무에 몰입할 수 있는 자율적인 환경이 조성된 것은 틀림없다.

　물리적 환경 조성 및 자율성 부여와 더불어 조직은 구성원에게 창의적인 아이디어에 자극을 주고, 그 아이디어가 도출될 수 있는 환경을 조성하기 위해 더욱 고민해야 한다. 책상 앞이 아닌 다른 공간에서도 여유와 자극을 줄 수 있어야 하며, 그가 하는 책상 밖 행동들이 창의적 아이디어 발산을 위한 과정임을 이해하고 존중할 수 있어야 한다. 모니터를 보며 이리저리 고민하던 직원은 라운지로 나와 음악을 들으며 어슬렁어슬렁 생각을 이어가고, 마침 지나가는 동료를 만나 라운지 한편 계단에 걸터앉아 스몰토크를 하다

보면 '유레카!' 하고 해결의 실마리를 찾기도 하기 때문이다.

강남언니팀 사무실은 건물의 한 층 전체를 사용하는데, 전체 면적의 절반 정도는 직원들이 소통할 수 있는 라운지가 차지하고, 나머지 절반은 책상이 있는 업무용 공간과 회의실로 구성되어 있다. 라운지는 모든 동료가 모여 무엇이든 해도 될 만큼 넓은 공간이며, 우리의 축제와 소소한 게임과 한 곡의 음악과 나만의 카페와 강남의 시티뷰가 있는 곳이다. 회사에 처음 방문하는 분들이 건물 엘리베이터에 내려서 회사의 대문이라고 할 수 있는 라운지 유리문을 통과할 때면 '우와' 하고 탄성을 지를 때가 많다. 여느 회사에서 보기 힘든 탁 트인 넓은 라운지가 주는 개방감에 '대기업도 아닌 스타트업 규모에서 이렇게나 큰 공간이?' 하고 놀란다. 점점 인원이 늘어나서 책상을 놓을 공간을 확보하기 위해 부득이 책상 간격을 좁히고 자투리 공간을 모으는 노력을 하고 있지만, 넓은 라운지만큼은 소통을 위해 절대 줄일 생각이 없다. 실제로 라운지에서는 매주 모든 구성원이 참여하는 올 핸즈 및 타운홀 행사가 열리고 해커톤 행사, 챕터 단위의 업무 공유회 등 많은 인원이 공유하고 토론하는 장으로도 사용된다.

내 책상 자리는 사무공간 중에서도 어쩌다 입구로부터 가장 먼 구석 벽이다. 라운지에 있는 냉장고에 음료라도 가지러 간다면 자리에서 일어나 걸어 나오면서 최소 열다섯 명의 동료와 눈을 맞추고 짧은 인사를 나누게 된다. 라운지를 넓게 구성한 이유도, 가급적 모든 직원이 한 층에서 일하도록 하는 것도 이렇게 이동하면서 동료들과 자연스럽게 소통하는 기회를 부여하기 위해서이다.

라운지 한편에는 탁구 테이블, 푹신한 소파와 테이블 세트가 여러 개 자리 잡고 있으며 한두 명 혹은 여덟 명이 앉아 미팅을 할 수 있는 테이블도 있다. 오전이면 커피와 간단한 식사를 하는 직원부터 스쿼드 위클리 미팅을 하는 직원들, 삼삼오오 모여앉아 차를 마시며 담소 나누는 차 동호회원들, 3인 소파에 길게 드러누워 발가락 꼼지락거리며 음악을 듣는 후드 모자 눌러쓴 직원까지, 강남언니팀의 업무시간 중 라운지 풍경은 다채롭다. 여럿이 함께 소통하기도, 혼자 사색에 잠기기도 하며 개개인의 창의성 루틴에 따라 그날그날의 풍경이 만들어진다.

점심시간이면 탁구를 치며 몰랐던 동료의 탁구 실력을 확인하기도 하고, 오후 늦게 수면실에서 이제 막 잠이 깬 눈을 비비는 동료를 만나기도 한다. 라운지 단상 맨 위 계단에 있는 푹신한 빈백에 앉아 창밖을 보며 랩탑을 두드리는 동료도 보인다. 내가 몰입할 수 있는 시간과 장소에서 나만의 방법으로 집중하고 쉬고 사색하고 고민하는 이 자유로움이 창의적 인재에게 자율을 부여하고 존중하는 방식이다.

예부터 마을 한가운데 마을 사람들이 모두 모일 만한 큰 마당이 있었고 서울에도 오래전부터 광화문 광장이 존재해 왔던 것은 서로 다른 개개인이 소통을 통해 접점을 찾고 갈등이 해소되어야 집단이 건강하게 유지되기 때문일 것이다. 너도나도 존칭 없이 영어 닉네임만 부르면 수평적인 소통이 되는 것일까? 슬랙 여기저기 채널에서 이런저런 이야기들만 쏟아낸다고 소통이 잘 이루어진다고 할 수 있을까?

진정한 소통은 모두 모여 눈을 맞추고 자신의 이야기를 하고 다른 이의 의견을 경청하며, 때로는 날선 비판으로 때로는 따뜻한

다독임으로 하나의 방향을 향해 발전적인 결과에 이르게 되는 과정이다. 몇몇만 모여서 혹은 보이지 않는 어딘가에서 이루어지는 폐쇄적인 의견 나눔은 소통이 아닌 불통이며, 극단적으로는 신선한 스타트업에서 흔히 말하는 젊은 꼰대를 만들어낼 가능성도 있다. 조직의 미션을 달성하기 위해 모였지만 개개인의 창의성, 성장 지향성, 사고방식이 모두 다르기에 한 방향으로 함께 나아가기 위해 모두 모여 소통할 라운지는 스타트업에서 더욱 필수적인 환경이라 할 수 있다.

창의성 존중의 근본은 신뢰

책 『창의성을 지휘하라』[12]에서 에드 캣멀은 "직원들의 창의성을 이끌어내고 싶은 경영자는 통제를 완화하고, 리스크를 받아들이고, 동료 직원들을 신뢰하고, 이들이 창의성을 발휘해 일할 수 있는 환경을 조성하고, 직원들의 공포를 유발하는 모든 요인에 주의를 기울여야 한다"고 했다. 창의성을 존중하기 위해 규칙을 없애고 구성원 스스로 회사의 미션과 얼라인된 본인의 성장 목표를 달성하기 위해 자유롭게 일하고 쉬고 소통하고 고민하는 환경을 조성해야 한다. 이러한 환경 조성의 가장 기본은 구성원을 향한 신뢰이다. 시간과 공간에 대한 규칙과 제약이 없는 경우 일부 혜택을 남용하는 소위 어뷰징abusing이 일어날 수 있다. 대기업이 아니더라도 많은 조직에서 넷플릭스의 규칙 없음과 같은 환경 구성을 망설이는 이유도 규칙이 없으면 어뷰징 통제가 되지 않아서기도 할 것이다. 조직

---

12   에드 캣멀, 에이미 월러스, 『창의성을 지휘하라』, 윤태경 옮김, 와이즈베리, 2014

이 구성원을 신뢰하고 구성원이 또 다른 구성원을 신뢰하며 솔직하게 소통하는 문화가 정착된다면, 어뷰징이 추정되는 상황에서도 서로 간의 소통을 통해 조직의 의도를 공감하고 구성원의 자율을 존중하는 방향으로 나아가게 될 것이다.

조직문화 진단, 펄스 서베이

조직문화라 함은 조직이 추구하는 핵심가치, 인재상, 일하는 방식, 의사결정의 자율성, 리더십, 심리적 안정감, 회의 문화 등의 가치와 이를 실현하기 위한 제도적 장치를 의미한다. 스타트업에서는 주로 사내 벽면에 그 내용이 게재되거나 구성원이 소통하는 언어 속에서 자연스럽게 흘러나오기도 한다.

기존 제도의 틀을 깨고 자신들만의 방식으로 새로운 비즈니스를 시작하는 스타트업에서는 고유의 핵심가치와 인재상을 만들고자 한다. 반면 좋은 인재를 영입하기 위한 조직문화 가치를 만들고자 실리콘밸리에서 유명한 IT기업의 그것을 차용하기도 하고, 다른 스타트업이 미션과 비전을 만드니 우리도 만들어 보자며 그냥 따라 하는 경우도 있다. 미션과 비전의 필요성과 중요성은 간과한 채 표면적으로 우리 회사는 좋은 곳이라고 이야기하고 싶을 수도 있다. 이러한 전략적인 가치 외에도 "우리는 자율적으로 일해요. 수평적으로 소통하고 의사결정해요. 조직의 전략 방향을 타운홀에서 솔직히 함께 소통해요."라는 일하는 방식에 대한 내용도 중요한 조직문화의 한 부분이다.

요즘은 스타트업의 조직문화 활동의 붐에 힘입어 신생 스타트업은 물론이거니와 기성세대와 전통적인 제도가 주축인 대기업에서도 최신 조직문화 트렌드를 배우고자 한다. 다른 회사에는 있는데 우리에게 없으면 이상하니까, 다른 곳에 있는 그 정도의 조직문화 세트를 가지고 온들 조직에 잘 전파하고 활용할 수 있을까? 조직 문화라 함은 구성원을 둘러싸고 있는 공기와 같은 환경이고 구성원이 내뱉는 말이며 출근을 하고 회의를 해나가는 모든 방식인데 말이다.

우리의 조직문화는 안전한가?

능력은 매우 우수하나 동료와의 소통이나 피드백 시 완전한 솔직함Radical Candor이 지켜지지 않는 한 매니저가 있었다. 부정적인 피드백 혹은 챌린지를 공감이나 케어 없이 직접적으로 전달하여 듣는 사람 입장에서 불쾌한 공격으로 여겨지게 한 경우이다. 투명하고 솔직한 소통을 중요하게 생각하는 조직이다 보니 옳은 소리 하는데 잘못된 것은 없으리라. 그 피드백의 의도가 상대 동료의 성장을 위한 것이라 하니 더욱 정당한 이야기이다. 그런데 매번 그 옳은 소리를 동료들이 지켜보는 슬랙 메시지로, 회의 시간의 날선 발언으로 직접적인 피드백을 했다. 옳은 소리다 보니 당사자도 지켜보는 이도 딱히 반박할 수 없는 상황이 지속되었고, 결국 그 피드백을 하는 매니저에게는 반대 의견을 낼 수 없는 환경이 만들어지기 시작했다.

날카로운 챌린지와 그로 인한 마음의 상처가 두려운 구성원들은 점점 더 솔직한 의견을 말하는 것을 꺼리게 되었고, 조직의 자유로운 소통 기회는 점차 사라졌다. 매니저를 둘러싼 직원들의 심리적 안정감이 매우 저하되었고, 이 분위기는 한 구성원에게서 시작되어 조직 내 여러 주니어들에게 전파되었다.

좋은 피드백과 챌린지를 하는 것도 매니저의 중요한 역할이지만, 아무리 능력이 뛰어나도 소통 방식에 이슈가 있다면 구성원의 성장과 성과를 이끌어 내기 어렵다. 그나마 이렇게라도 문제가 드러났기에 해당 매니저에게 좋은 피드백 방식에 대해 설명하고 갈등이 있었던 동료와 재소통을 시작해 문제를 해결할 수 있었다. 하지만 HR이 모든 팀의 모든 상황을 알 수는 없으니 혹여나 곪은 문제가 없을지, 구성원들은 정말 심리적으로 안정되었는지, 구성원이 느끼는 조직의 문화가 얼마나 건강한 상황인지 솔직한 의견을 청취하기 위해 전체 구성원을 대상으로 펄스 서베이Pulse Survey를 진행하기로 했다.

구성원의 솔직한 이야기, 펄스서베이

서베이라고 하니 대기업에 다닐 때 외부 컨설팅 업체를 통해 만들어진 다소 고리타분하고 두루뭉술한 질문 리스트와 5지선다 중 가운데 점수인 '보통이다'를 무심하게 찍어 냈던 기억이 난다. 당시엔 지금 조직이 왜 이걸 물어보는지 이게 왜 중요한지에 대해 공감이 되지 않았기에 솔직한 답변을 하기 위한 고민의 시간도 아까웠다. 그런 경험이 있었으니 구성원들의 솔직한 답변을 듣기 위해 어떤 질문을 어떻게 해야 할지 훨씬 더 많은 고민과 압박이 생겼다. 잘 해야 할 텐데라는 막연한 생각과 함께, CEO를 포함한 HR 조직 문화 담당자들이 본격적으로 평소 교류가 있던 스타트업에 사례를 묻기도 하고 시스코의 Engagement Pulse 문서와 AWS의 서베이 질문, 구글 Oxygen Project 질문 항목 등을 참고해서 스터디했다.

어떤 주기로 어떤 질문을 하고 답변 항목은 몇 점 척도로 할지, 실명으로 답변을 받을지 등 고민할 것이 한두 가지가 아니었다. 질문을 리스트업하고 우리 조직의 규모와 투명하고 솔직한 특유의 문화를 반영하여 서베이 방식을 정했다. 당장은 5개 안팎의 질문을 자주 던져보고, 질문은 당시 조직에서 가장 이슈될 만한 항목을 선정하기로 했다. 유사한 항목별로 질문을 분류하여 정기적으로 같은 항목의 질문으로 서베이를 진행하여 서베이 전후 개선 여부를 파악하기로 했다. 단순히 질문을 던지는 것이 아닌, 구성원의 의견을 취합하여 문제를 해결하는 것까지가 펄스 서베이 프로젝트의 목표였기에, 서베이 전후 이슈가 있었던 부분이 얼마나 해결되었는가가 서베이의 성공의 척도였다.

질문은 크게 심리적 안정감, 신뢰성, 일의 의미, 리더십, 핵심가치와 인재상 등으로 분류하였고, 각 항목별로 세부 질문을 만들어 리스트업했다. 최근에 문제 해결이 필요했던 주제가 심리적 안정감이었기에 첫 번째 서베이 주제로 채택하여 전체 구성원의 안정감을 파악해 보기로 했다. 아래 다섯 가지 질문에 대해 매우 그렇다, 그렇다, 아니다, 매우 아니다의 네 가지 답변으로 질문지를 구성했다.

- 나는 팀에서 동료와 다른 의견을 표현하더라도 안전하다고 느낀다.
- 만약 내가 팀에서 실수를 한다 해도 내게 공격처럼 여겨지는 비난은 오지 않는다.
- 팀의 동료들은 누구나 이슈를 제기하고 어려운 문제를 기꺼이 드러낼 수 있다.
- 팀의 어느 누구도 고의로 내 노력을 훼손하는 행동을 하지 않을 것이다.

- 팀의 동료들과 함께 일하면서 나의 독특한 기술과 재능이 소중히 여겨지고 활용된다고 느낀다.

전체 구성원이 모여 소통하는 자리인 올핸즈에서 펄스 서베이 진행의 배경과 맥락을 설명하고, 이를 통해 구성원의 문화적 경험에 대한 솔직한 이야기를 경청하여 개선이 필요한 부분에 대해서는 적극 파고들어 개선 이후의 결과도 공유하겠다고 발표했다. 조직이 구성원들의 의견을 직접 들어보고 문제를 해결하겠다는 것에 반응이 매우 긍정적이었고 서베이 회신율도 상당히 높았다. 질문에 대한 답변 외에도 주관식으로 자유롭게 의견을 기재하는 칸을 마련하였기에 심리적 안정감에 대한 다양한 이야기도 들을 수 있었다. 서베이 결과 취합 후 이슈가 있는 조직과 대상을 선정하여 그 원인과 배경을 대상자와 혹은 리더와 직접 파악하였고, 해결을 위한 액션 아이템을 도출하여 차차 개선에 대한 기대감도 가질 수 있었다. 구성원들이 이야기해 주지 않았다면 아마도 한참은 묻혀 있었을 이슈들이 서베이를 통해 발견된 것이다.

이후 전체 구성원에게는 앞서 진행한 서베이의 결과를 조직별, 팀별 혹은 문제 사안별로 분류하여 개인 혹은 특정 조직의 답변이 노출되지 않는 정도의 인사이트를 중심으로 공유했다. 현재 심리적 안정감에 대해 구성원들이 어떻게 느끼고 있는지, 지금 우리의 조직문화 상태가 어느 정도인지 투명하게 공유하고 직시하는 자리였다. 동시에 앞으로 어떤 개선이 이루어질 것인지에 대한 계획을 함께 이야기하여 단순히 서베이를 진행하는 것에 그치지 않고, 문제를 해결하기 위해 조직이 어떤 노력을 할 것인지도 설명했다. 서베이에 참여하고 결과를 공유 받고 앞으로의 계획을 듣는 이 모든 과정을 지켜보는 자체로 직원들은 조직이 구성원 한 명 한 명의 의견을 굉장히 소중히 여기고, 구성원이 보다 나은 문화적 경험을 할 수 있도록 노력한다고 느꼈다는 점에서도 큰 의미가 있을 것이다.

펄스 서베이가 조직 차원의 목적이 있는 질문이라면, 구성원 입장에서는 서베이 항목 이외에도 리더에게 직접 말하기 어려운 조직에 대한 의견이 있을 수 있다. 상시로 이러한 피드백을 받기 위한 창구도 함께 운영하고 있는데, 슬랙 창에 '의견!!!'을 입력하고 엔터키를 누르면 회사에 건의할 수 있는 설문 양식 링크가 뜨고 자유롭게 의견을 기재할 수 있다.

이 '의견!!!' 건의함을 통해 서포팅 프로그램 중 하나인 심리상담센터 업체에 대한 불만을 접수하여 업체를 변경하기도 하였고, 온보딩 과정에 있는 구성원의 조직과 리더를 향한 조금은 불편한 의견을 솔직하게 전달받아 구성원의 온보딩을 지원한 경우도 있다. 지금 현재 구성원이 어떤 불편함을 겪고 있는지 실시간으로 확인할 수 있는 좋은 창구 역할을 하고 있는 것이다. 정기적인 펄스 서베이와 상시 의견 채널을 통해 구성원은 항상 자유롭게 조직에 의견을 전달할 수 있으며, 특히 회사가 중요하게 생각하는 주제에 대해 이슈가 있을 경우 어떻게 해결되어 가는지 투명하게 전달받는 이 모든 과정이 구성원의 심리적 안정감에도 매우 큰 영향을 미칠 것이다.

이렇듯 조직이 직면한 문제나 시급한 필요에 의해 고민하고 도입한 조직문화 제도야말로 가장 효과적으로 구성원에게 전파될 수 있는 중요한 문화가 된다. 일방적으로 조직이 중요하게 생각하고 전파하고 싶은 문화를 외부에서 들여와 구성원과의 소통 없이 기준을 정하고, 추후 조직에 전파하고자 한다면 구성원들의 무관심이나 반감으로 이어질 수도 있다. 이 제도가 왜 필요한지, 이 방식이 왜 중요한지, 이것이 정말 조직에 필요한 것인지에 대해 고민하고 기획하는 단계에 구성원들의 의견이 반영되어야 한다. 조직문화는 회사 주도로 만들어질 수 있는 것이 아니라, 구성원과의 합의 이후 구성원의 실천으로 완성되기 때문이다. 탑다운으로 의사결정할 거면서 수평문화를 추구한다고 포장한다면 이미 내부 사정을 아는 구성원에게는 문화가 아닌 위선에 가까울 것이다. 스타트업 업계에 그 흔한 간식 코너가 왜 필요한지, 구성원에게 어떤 경험을 제공하고 어떤 가치에 기반하여 운영하고자 하는지에 대한 고민이 없다면 그것 또한 문화가 아니라 인테리어일 뿐이다.

서베이나 슬랙으로 받는 의견은 아무래도 직접 대화를 하는 것보다는 자세하고 복잡한 내용을 담기에 시간적인 비효율이 있기 마련이다. 이 비효율로 인해 공유되지 않은 작은 실마리가 점차 누적되어 문제로 발전할 수도 있다. 그렇기에 구성원의 조직문화적 경험의 건강함을 상시로 체크하기 위해 HR에서 따로 시간을 투입하지 않을 수 없다. 편안한 자리에서 구성원과의 자연스러운 대화를 통해 당장의 문제는 아니더라도 문제의 씨앗일 수 있는 실마리가 발견되기도 하기 때문이다.

사내에 구성원 간 소통을 활발히 하고 이를 통한 협업을 강화하기 위해 커피타임을 지원하고 있는데, HR은 이 시간을 통해 구성원들의 진솔한 이야기를 들을 수 있다. 구성원들끼리 진행하는 커피타임은 자유로운 소통과 밍글링이겠지만, HR은 커피타임을 단순한 밍글링에서 끝낼 것이 아니라 구성원들이 현재 업무나 업무 외적으로 어려움을 겪고 있는 부분은 없는지, 조직에 혹은 본인의 직무에 만족하고 있는지, 성장하고 있는지 파악할 수 있는 소중한 기회로 삼아야 한다. 과거 폐쇄적인 조직의 경우 HR팀이 구성원들의 뒷조사를 한다는 이야기를 우스갯소리로 하기도 했지만, 뒤에서 무언가를 캐는 것이 아니라 앞에서 구성원이 고민이나 의문을 스스럼없이 털어놓을 수 있게 하는 시간이 HR과의 커피타임이어야 한다.

6장

입사에서 퇴사까지, 직원 경험 여정

입사 첫날 첫 순간의 이미지는 오랫동안 기억된다. 입사자를 영입하기 위해 진행했던 노력을 생각한다면 입사 첫날 또한 아름답도록 배려해야 할 것이다. 이와 함께 직원 경험은 이미 시작되었다.

직원 경험의 시작, 온보딩

최종 인터뷰에 통과한 후보자와의 밀고 당기는 긴장감 넘치는 처우 협의를 끝으로 인재 영입 과정이 아름답게 마무리되었고, 입사 예정일에 후보자가 아닌 동료로 회사의 문을 열고 들어올 첫 모습을 상상하게 된다. 내가 현재 조직에 입사한 첫날, 문을 열고 들어선 넓은 라운지에는 리듬감 넘치는 비트의 활기찬 음악이 다소 크게 울려 퍼지고 있었고, 세 발자국 들어선 지점에는 "Mia 님, 입사를 극도로 환영합니다"라는 팻말이 세워져 있었다. 긴장되고 떨렸던 그 첫날, 회사에 대한 나의 이미지는 '활기차게 나를 환영하고 있구나!'였다. 첫 이미지 그대로 이 조직은 텐션 높고 활기참 그 자체라는 걸 며칠 지나지 않아 충분히 알 수 있었다. 이렇듯 입사 첫날 첫 순간의 이미지는 오랫동안 기억된다. 입사자를 영입하기 위해 연락하고 인터뷰를 안내하며 함께 응원하고 소통했던 그 노력을 생각한다면, 조직에 입사하는 첫날 또한 아름답도록 배려해야 할 것이다.

온보딩 교육 (Sync & Align Program)
회사마다 조직문화, 일하는 방식, 인재 밀도 등이 다르기에 새로운 조직으로 입사한 구성원에게는 이 모든 것이 생경하게 느껴질 것이다. 아침에 출근해서 커피 한 잔 내려마시는 방법도 바뀌었을 테니 말이다. 이에 첫날 사무실 구경에서부터 협업 툴 사용 방법, 조직

문화, 사업 내용 등 입사자에게 알려줄 사항은 상당히 많다.

강남언니팀은 Sync & Align Program이라는 온보딩 교육을 모든 입사자를 대상으로 진행한다. 조직의 미션, 비전, 핵심가치 및 일하는 방식에 대해 CEO가 설명하고 함께 질의응답하는 세션에서부터 비즈니스 및 제품 현황에 대해 각 담당 리더가 진행하는 세션, HR에서 진행하는 조직구조, 복리후생 제도 및 조직문화 그리고 협업 툴 사용법 안내에 이르기까지 총 15시간에 걸쳐 진행되는 프로그램이다.

이는 단순히 신규 입사자가 조직을 이해하고 당장 업무를 수행하는 데 필요한 내용을 전달받는 것 이상으로 조직의 철학을 공유하고 공감하여 행동에 이르도록 하는 첫 단추를 끼운다는 점에서 의미가 더욱 깊다. 입사자 교육이라고 해서 한 방향으로 주입하는 전달이 아니라 조직과 입사자가 상호 싱크Sync를 맞추는 시간이다. 공유되는 내용은 현재의 제품과 문화뿐 아니라 과거에 왜 이러한 일하는 방식이 생겼으며, 현재는 어떻게 진행되고 있고 미래에 미션을 달성하기 위해 어떻게 나아가고자 하는지에 대한 깊이 있는 이야기다. 물론 많은 질문도 받고 의견을 나누며 입사자들의 또 다른 생각이 모든 영역에 반영될 수 있는 기회로 삼기도 한다.

조직에 입사하기로 결정했다는 것은 그 조직의 미션을 향해 나아가는 배에 승선한 것과 다름없다. 승선 후 망망대해를 지나 미션을 향해 나아가기 위해서는 각자의 자리에서 역할을 발휘함과 동시에 동료들과 일치된 방향으로 협업하고 조율해야 한다. 조직이 추구하는 미션이 무엇인지, 달성하기 위해 어떤 방식으로 일하는지, 현재 무엇을 해결해야 하고 과거에는 어떻게 달려왔는지를 모든 구성원이 이해하고 있어야 한다. 즉 조직이 추구하는 문화를 공감하고 일치된 방향으로 함께 나아가기 위한 가장 중요한 장치가 바로 Sync & Align Program이다.

서로 다른 곳을 바라보고 다른 방식으로 소통해 간다면 배는 속도감 있게 앞으로 나아가지 못할 것이다. 구성원 역시 조직의 미션을 달성하는 과정에서 자신의 성장을 도모하기 위해 이 배에 승선했기에, 조직의 미션 달성은 조직뿐만 아니라 구성원 개인에게도 중요한 과제다. 온보딩 프로그램을 통해 강남언니팀은 입사자가 조직의 철학과 문화에 싱크를 맞추고, 이후 조직에 적응하고 업무를 해나가는 과정에서 스스로 그 가치에 얼라인되어 자율적으로 실천하며 다른 동료들에게도 조직이 추구하는 가치를 잘 전파하기를 기대한다.

입사자는 온보딩 교육 외에도 입사 첫날 이런저런 궁금한 사항을 짝꿍에게 물어보고 해결한다. 최종 입사가 확정되면 팀에서는 입사자를 밀착 케어할 짝꿍을 미리 선정하는데, 주로 입사자와 소속이 같은 짝꿍은 입사 첫날부터 바로 옆에서 적응에 도움을 주는 역할을 한다. 때로는 짝꿍의 바쁜 업무 일정이나 부득이한 재택근무로 밀착 케어가 어려운 경우도 생기지만, 온보딩 교육과 메일 안내 사항을 참고해 알아서 적응하도록 하지 않고 입사자의 심리적인 케어를 위해 짝꿍 제도를 운영하는 것이다. 낯선 환경에서 공식적으로 자신만을 위해 시간을 내줄 수 있는 짝꿍이 있다면 사소한 질문이라도 눈치 보지 않을 수 있다.

기대 역할 미팅

강남언니팀에서 신규 입사자는 입사 첫 주에 소속 리드와 함께 기대 역할 미팅을 진행한다. 입사자는 처음 채용 공고에서 수행할 직무내용을 확인했고 인터뷰를 통해 해당 포지션에서 어떤 역할이 기대되고 어떤 역량이 필요한지에 대한 의견도 소통했겠지만, 입사 후 실제 맡게 될 업무에 대해 공식적으로 팀 리더와 상호 싱크를 맞추는 것이다.

이직 후 얼마 지나지 않아 퇴사를 결정한 경험이 있는 후보자와 커피챗을 할 때 그 이유를 물은 적이 있다. 후보자는 입사 전에 이야기 나눈 내용과 전혀 다른 업무를 맡게 되어 몹시 당황스러웠다는 이야기를 털어놓았다. 이는 입사 과정에서 입사자와 조직 간 서로 기대하는 역할에 대한 조율이 이루어지지 않았기 때문이다. 조직 내부 사정으로 불가피하게 역할 변경이 생긴다면 당연히 상황 발생 즉시 입사자에게 내용을 공유하여 조율이 가능할지 의견을 나누어야 한다.

기대 역할 미팅은 조직 리드를 통해 진행되는데, 입사자의 합류 전에 팀 리드가 다른 구성원들과 신규 직원이 입사하게 되면 어떤 역할을 기대할 수 있을지 사전 논의 시간을 갖는다. 물론 공식적으로 주어질 역할은 있지만, 이 역할 수행을 통해 팀 구성원이 어떤 것을 기대할 수 있을지 리드와 함께 서로 소통하며 정리하는 것이다. 이때 입사자의 역할을 공유하는 것에서부터 기대 역할을 잘 수행할 수 있도록 지원을 당부하는 내용도 포함된다.

리드가 내용을 공유하면, 입사자도 이를 확인하고 본인이 조직에 전하고 싶은 의견을 나누는 양방향의 소통시간이다. 입사자가 조직에서 맡은 역할이 명확히 정의되고 리드와의 소통과 짝꿍의 도움 그리고 팀원들의 지지가 뒷받침된다면 이제 입사자는 같은 동료로서 미션을 향해 함께 달릴 수 있다.

HR이 진행하는 Sync & Align 세션 중에 모든 입사자에게 반드시 당부하는 말이 있다. 입사 후 3개월 동안은 무언가 주장하기보다는 질문을 많이 하라는 것이다. 아직 잘 모르는 것이 많기에 주장보다는 좋은 질문을 잘 하는 것만으로도 인정받을 수 있다. 본인이 알고 있는 것이 이곳에서는 통하지 않을 수 있다는 것도 알아야 한다. 때로는 언러닝Unlearning도 필요하다. 어떻게 들으면 '아니 입사해서 솔직한 의견도 내지 말라는 것인가?'라고 오해할 수 있다. 이미 조직에서 일하고 있는 구성원은 현재의 업무 방식과 내용에 익숙하지만, 입사자에게는 모든 것이 새롭고 그간 경험했던 방식과 다른 내용이 있을 것이다. 즉 차이를 느끼는 것은 기존 구성원이 아닌 입사자이기에 이와 같은 당부를 하는 것이다.

간혹 입사하자마자 적극적으로 의견을 개진하고 기존의 불합리한 것을 개선하고자 의욕을 불태우는 사람도 있다. 그런 모습을 보여줘야 인정받는다고 착각하는 것이다. 하지만 조직이 이러한 방식으로 업무를 하는 데는 분명한 이유가 있을 터. 갑작스러운 주장으로 기존 구성원과 소통의 어려움을 겪기보다 먼저 질문을 하고 이유를 들어보며 서로 소통하는 시간을 갖는 게 낫다. 그러다 보면 일부분 이해되는 것도 생기고 자연스럽게 동료들과 신뢰가 쌓이면서 입사자가 새로운 의견을 개진하더라도 조직이 자연스럽게 받아들이게 된다. 즉 서로 천천히 알아가고 이해하면서 새로운 방향으로 함께 나아갈 시간을 준비해야 하는 것이다.

온보딩 피드백

 아무리 높은 기준으로 서류와 인터뷰 그리고 레퍼런스 체크를 통해 후보자를 영입하게 되었더라도 실제로 이 후보자가 조직과 핏이 잘 맞을지, 기대한 역할을 수행할 수 있을지는 함께 업무를 해봐야 알 수 있다. 그렇기에 많은 조직들이 약 3개월간 업무를 수행하면서 서로의 핏을 확인하는 수습 기간을 두기도 한다.

 조직 입장에서도 입사자의 역량에 대한 확신이 들어야 앞으로 함께 가리라는 결정을 할 수 있고, 입사자 입장에서도 외부로 알려진 일부의 정보와 인터뷰 과정에서 확인한 내용 외에 본인의 성장을 이 조직과 함께할 수 있을지 판단할 시간이 필요하다. 수습 기간은 어쩌면 입사자에게 불리하게 들릴 수 있는 용어지만, 소중한 기회가 실패한 선택이 되지 않도록 입사자 또한 조직을 3개월간 면밀히 판단해 볼 필요가 있다. 그렇기에 회사가 주체가 되는 수습 기간이라는 용어 대신 서로를 함께 판단하는 온보딩 기간 동안, 입사자는 조직에게 조직은 입사자에게 서로 피드백을 공유하는 시간을 갖는다.

 3개월의 온보딩 피드백 기간을 갖는 경우, 먼저 기대 역할 미팅을 통해 조직에서 앞으로 수행할 업무와 방향성 그리고 기대 수준에 대해 싱크를 맞춘 후 업무 진행 약 한 달 반 후에 중간 피드백 그리고 입사 후 3개월이 되는 시점에 최종 피드백을 주고받는다. 한 달 반이면 입사자는 새로운 환경에 적응해가며 팀원들과 소통의 합을 맞추고 리더와 여러 차례 1on1을 진행하며 업무를 수행해 왔을 터이다. Sync & Align 프로그램을 통해 들었던 일하는 방식이 실제로 동료들이 일하는 방식 그대로인지 경험하고 본인도 그에 맞게 소통하고자 노력했을 것이다. 또한 귀가 아프도록 들은 핵심 가치가 업무와 문화 환경 전반에 잘 녹아 있는지 아직은 반 외부자의 입장에서 확인하면서 궁금증이 더 생기거나 개선이 필요한 부분에 대해 이야기를 하고 싶을 수도 있다.

리더는 리더 나름대로 입사자의 적응 과정과 업무 수행력을 검증하며 매주 단위의 1on1에서 라포를 형성하고 신뢰를 쌓으면서 즉각적인 피드백을 진행하기도 한다. 이렇게 한 달 반의 시간이 지나면 리더는 입사자와 함께 업무하는 다른 구성원들과 입사자의 적응 과정은 어떠한지, 기대했던 역할을 잘 수행해 줄 수 있을지 먼저 사전 논의를 진행하고, 이 내용을 바탕으로 입사자와 공식적인 중간 피드백을 진행한다. 리더는 입사자에게 당초 기대 역할 대비 어떻게 적응해 가고 업무를 진행하고 있는지에 대해 CSS$^{\text{Continue \& more, Stop \& Start}}$ 형식으로 피드백을 한다. C는 현재 잘하고 있는 부분과 앞으로도 더 잘하기를 기대하는 부분이고, S&S는 개선이 필요한 부분으로 이에 대한 피드백과 앞으로 어떤 방향으로 개선하면 좋을지에 대한 대안을 제시한다. 이와 동시에 입사자도 조직이나 업무 방식 등 제안하고 싶은 다양한 의견을 CSS 형태로 미리 문서로 작성하여 중간 피드백 시간에 리더와 주고받는다.

입사 3개월 후에 진행되는 최종 피드백에서도 방식은 동일하다. 리더가 입사자를 평가하여 일방적으로 결과를 전달하는 것이 아닌, 사전에 입사자의 다른 동료들의 이야기까지 경청하여 잘하고 있는 부분과 앞으로 함께 하기 위해 개선이 필요한 내용을 피드백하고, 동시에 입사자도 조직에 전달하고 싶은 이야기를 양방향으로 주고받는다.

물론 온보딩 피드백을 3개월간 진행한 후에 조직이 추구하는 핵심가치 및 인재상과 맞지 않아 도저히 협업이 기대되지 않거나 당초 기대 역할 미팅에서 공유된 역량을 수행해 나갈 수 없는 부득이한 상황이 생기는 경우, 아주 어렵게 입사자와 헤어지는 결정을 하기도 한다. 또한 입사자도 본인이 성과를 달성해 나가는 방식과 조직의 구조적인 방식이 달라서 더 이상 함께하지 못하겠다고 먼저 판단해 온보딩 과정을 종료하는 경우도 있다. 결국 3개월이라는 시간은 조직과 입사자 모두 서로의 기대 역할이라는 합의된 내용을 바탕으로 핏을 맞추는 과정이리라. 평가라는 이름으로 입사자를 검증하는 것이 아닌, 서로 같은 미션을 향해 나아갈 것인가를 함께 고민하고 판단하는 기간인 것이다.

온보딩 만족도 조사

입사 서류를 제출하기 위해 쭈뼛쭈뼛 다가와 봉투를 내미는 신규 입사자를 향해 채용담당자가 "제 MBTI가 뭘까요?"하고 다소 엉뚱한 질문을 한다. "아, 뭐지?" 신규 입사자는 갑자기 웬 MBTI냐며 당황한 표정을 짓는다. "입사자 게임 진행 중이시죠? 제 관상을 보시고 MBTI를 맞히셔야 입사 서류 제출 단계가 완료돼요. 게임을 끝까지 진행하시면 Willy가 선물을 줄 거예요!"

강남언니팀에서는 기본적으로 입사자가 진행해야 하는 계정 로그인, 시스템 정보 등록, 서류 제출 등을 앱 게임을 통해 진행하고 있다. 단조롭고 지루한 과정일 수 있기에 입사자들이 자주 빠뜨리고 안 하는 경우도 있고, 짝꿍에게 맡기기에는 업무로 바쁜 짝꿍도 버거울 수 있어서 게임으로 재미있게 구성했다. 게임 중에는 입사 서류 제출 시 채용담당자 MBTI 맞히기 외에도 직접 다른 동료에게 커피타임 신청해 보기, 짝꿍과 셀카 찍어 슬랙에 공유하기, 총무담당 숨은 그림 찾기 등 흥미로운 종목들이 포진해 있다. 게임을 하나씩 진행하면서 짝꿍이나 다른 동료들과 한 번 더 소통하도록 하는 장치이기도 하다.

신규 입사자를 위해 온보딩 교육을 진행하고 생활 밀착형 도움을 위한 짝꿍을 지정하고, 앱 게임을 실행하면서 차차 온보딩 3개월의 시간이 흐른다. 고민하여 기획한 모든 제도는 실제 사용자들의 피드백을 통해 지속적으로 개선된다. 충분히 많은 정보를 제공하고 배려했으니 이만하면 됐다가 아니라 이러한 제도가 입사자에게 만족스러웠는지 당사자의 이야기를 직접 들어야 한다.

한 달에 한 번 정도 HR에서는 신규 입사자 그룹을 대상으로 온보딩 만족도를 확인하는 세션을 진행한다. HR에서 기획한 내용이 잘 와닿았는지, 입사 전부터 온보딩하는 3개월 동안 불편한 점은 없었는지, 개선이 필요한 점은 무엇일지 질문하고 답변을 경청한다. "제가 좋아하는 간식이 없네요?" "조직도에 직무 명칭을 알기 쉽게 수정해 주세요" "짝꿍이 너무 잘 챙겨주셔서 만족스러워요" "싱크앤얼라인 프로그램에서 중복된 내용이 있어요!"

칭찬은 칭찬대로 불만은 불만대로 모든 답변이 HR에게는 귀하다. 칭찬해 주니 힘이 나고 불편한 점은 개선하면 될 일이다. 사람을 대하고 사람을 고민하는 HR 업무를 하면서 느끼는 몇 안 되는 감동 포인트 중 하나는 바로 동료로부터 받는 고맙다는 한 마디다. 공지도 하고 백번 얘기하고 다녀도 모르겠다고 다시 알려달라고 하는 대부분의 동료들 속에서 누군가 전해주는 고맙다는 한 마디에 힘들었던 감정이 눈 녹듯 사라진다.

　온보딩 만족도 조사 세션에서 나온 신규 입사자들의 피드백은 HR 전원에게 공유되어 각자 맡은 영역에서 수정하고 개선해야 할 부분을 체크하고 액션 아이템으로 정하여 실행한다. 이 세션의 진행으로 입사자 온보딩 프로그램은 매달 고도화된다.

무제한 복지, 무조건 좋을까

자율의 문화를 만들면 성과가 높아질까? 정답은 없다. 성과 달성 방법은 시대, 업종, CEO 등 다양한 요소에 따라 달라지기 때문이다. 하지만 1950~1960년대 저렴한 노동력을 기반으로 제조 공장을 운영하는 CEO에게 이런 질문을 한다면 어떻게 될까? 아마도 "현실을 모른다"며 헛웃음을 지을 것이 분명하다. 직원들이 밥 먹는 시간도 아껴서 일을 해야 최대한의 생산물을 만들 수 있는데 자율과 수평적 소통이 웬 말인가. 그저 성실히 시키는 일만 잘 하면 성과가 따라오는데 말이다.

지금은 대전제가 바뀌었다. 조직 성과는 더 이상 구성원의 근면 성실에 의지하지 않는다. 많은 결과물의 생산보다 고객 가치의 극대화가 중요한 지금은 과거와 다른 접근이 필요하다. 과거에는 구성원에게 어떻게 일해야 하는지 알려주고 그대로 따라 하도록 만들거나 감독할 수 있었지만, 지금은 각자 스스로 방향을 정해야 하고 일하는 과정이 아닌 결과로 말해야 한다.

자율적 조직문화의 명과 암

에이잭스 비누회사 사무실 안에는 스미스 부장이 책상 위에 다리를 올려놓은 채, 천장을 향해 담배 연기를 내뿜고 있다. 문밖으로 지나가던 나이 든 두 사람 중 하나가 다른 사람에게 이렇게 말한다. "그런데 스미스 부장이 지금 비누 생각을 하고 있는지, 우리가 어떻게 알 수 있지?" —『자기경영노트』

피터 드러커가 책 『자기경영노트』[13]에서 말했듯, 우리와 같은 지식 노동자들에게 주어진 유일한 과업은 목표 달성 능력이다. 우리가 하는 일은 이제 눈에 보이지 않는 일이기에, 각자의 목표를 어떻게 해서든 달성할 뿐이다. 특히 고도의 기술과 지식, 창의성에 의존하는 스타트업일수록 더욱 그러하다. 이제 조직 성과 창출과 자율성은 떼려야 뗄 수 없게 된 것이다.

'자율과 책임'은 넷플릭스의 컬처덱과 그 특유의 문화가 널리 알려지며 더 확산되었다. 넷플릭스는 훌륭한 일터란 많은 복지나 좋은 오피스가 아니라 멋진 동료들이 있는 곳임을 강조한다. 그래서 구성원들에게 업계 최고 수준의 연봉을 주면서 스타급 플레이어로 활약할 수 있도록 했다. 반면 "누군가 경쟁사로 떠난다고 했을 때, 그 사람을 잡기 위해서 노력할 것인가?"라는 질문에서 "NO"라는 답이 나온다면, 상당한 퇴직금을 주고라도 내보낸다. 결국 넷플릭스가 지향하는 것은 규칙이 없는 조직이다 No Rules Rules. 구성원들에게 최대한의 자율을 주고 높은 기대를 하며, 그에 맞춰 책임을 질 수 있도록 한다. 조직 규모가 커질수록 규칙이나 절차나 창의성이 저하되기도 하는데 이를 최소화하는 것이 넷플릭스의 지향점이다.

"우리는 왜 휴가를 체크해야 하지? 얼마나 일했느냐가 아니라 이뤄낸 것에 집중해야 하지 않을까?"라며 출근이나 휴가에 대한 정책을 없앴다. 회사 비품을 개인적으로 사용하는 것을 방지하는 규정

---

[13] 피터 드러커,『자기경영노트』, 조영덕 옮김, 한국경제신문사, 2020

을 만들기보다는 '넷플릭스에 가장 유리한 방향으로 선택할 것'이라는 대원칙에 근거해서 자유롭게 활용하도록 했다. 어쩌면 파격이라고 볼 수도 있는, 극단적으로 자율을 추구하는 사례는 국내 스타트업에도 영향을 미쳤다. 한편 긍정적이면서도 다른 한편 부정적으로.

여기 한 스타트업이 있다. 주니어보다는 시니어 중심의 조직이고, 채용 기준이 아주 엄격하지만 최대한의 자율을 행사하게 하고 높은 책임을 물었다. 리더에게도 아주 높은 수준의 권한을 부여했다. 예를 들어 리더들은 인센티브 지급 방식을 결정할 수 있었다. 어떤 팀은 소수의 고성과자에게 몰아서 분배했고 어떤 팀은 평등하게 분배했다. 재택근무를 결정할 수 있는 권한도 있었는데 어떤 팀은 주 5일 내내 재택근무를 하고 어떤 곳은 성과가 나지 않는다는 이유로 모두 출근을 시켰다. 이런 식의 운영이 갖는 강점도 뚜렷하다. 규모가 작을 때는 나름대로 잘 운영되었고 리더들은 스타일대로 다양한 실험을 해볼 수 있었다.

하지만 전사적으로는 잡음이 끊이질 않았다. 불필요한 논쟁이 발생하고 팀마다 근무 기준이 다르다 보니 협업에 있어서도 문제가 많았다. 리더가 누구냐에 따라서 성과와 팀 분위기가 달라지고 조직 리스크도 더 커질 수밖에 없었다. 소수에 의해서 전사 정책이 달라지기도 했는데, 결국 리더에게 어느 정도의 권한이 주어질 것인지 사전에 합의가 없었기 때문에 벌어진 일이다. 모호한 기준으로 인한 혼란은 자율이 가져다주는 긍정적인 효과마저도 퇴색시킨 것이다.

무제한 휴가와 식대는 좋은 복지인가

땅콩 알러지가 있는 사람은 땅콩이 포함된 식품은 물론, 땅콩이 묻은 조리 기구가 사용된 식품도 먹을 수 없다. 하지만 땅콩 알러지가 없는 사람은 땅콩이 없는 음식도 먹는다. 그래서 미국 학교들은 땅콩을 완전히 배제한 식품만 급식한다. 책 『스킨 인 더 게임』에서 언급된 사례인데, 그렇기 때문에 '절대로 양보하지 않는 소수'와 '유연하게 사고하면서 양보하는 다수'가 부딪치면 역설적으로 소수가 승리할 수밖에 없다. 자율이라는 가치 속에서 회사의 규칙은 의외로 다수가 아닌 소수에 의해서 좌우될 수 있다. HR담당자로서 딜레마에 빠지는 순간이다.

국내 많은 스타트업이 넷플릭스를 따라 무제한 휴가나 식대를 강조했다. 파격적인 조직 실험이기에 환영하는 마음도 있었지만, 개인적으로 염려가 되었던 이유는 '원칙과 규율이 없는 자율'은 너무 쉽게 혼란이 될 수 있다고 생각했기 때문이다. 저마다 가치 판단 기준은 다를 수밖에 없다. 예를 들어 극단적으로 누군가 매일 10만 원짜리 한우를 먹어야 능률이 오른다고 한다면, 정말 무제한 식대가 적용되어도 되는 것일까? 현실이 그렇지 않다면 조직에서 '수용 가능한 범위'를 미리 소통하는 것이 낫지 않을까? 규율에 기반하지 않는 자율은 불필요한 논쟁을 일으킬 수밖에 없다.

사례를 더 공유하자면, 장기근속으로 인한 리프레시 휴가를 처음 만들었을 때 별다른 제한을 두지 않았다. 하지만 장기 휴가를 사용하고 난 직후에 퇴사하는 구성원이 나오면서, 결국 '6개월 내 퇴사 시 연차에서 차감한다'는 조건을 추가했다. 당연히 구성원들의 불만은 있을 수밖에 없었다. "조직에서 우리를 신뢰하지 않기 때문에 동기가 떨어진다"는 말도 많이 들었다. 그럼에도 나는 원칙을 바꾸지 않았고 몇 가지 이유를 들어 답변을 했다.

첫 번째, 리프레시 휴가는 말 그대로 휴식을 취한 후에 다시 힘을 내기 위한 의도인데 휴가 직후에 바로 퇴사를 하게 되면 그 취지에 맞지 않다. 두 번째, 휴가 직후 퇴사하는 사례가 많이 나오게 되면 '장기 휴가'에 대한 부정적인 인식이 쌓일 수 있다. 3년 동안 고생했기에 더욱 환영받으며 다녀와야 하는데 퇴사에 대한 불안감으로 남은 팀원들의 스트레스가 높아질 수 있다. 마지막으로, 장기 휴가를 사용하는 구성원들은 오랜 시간 재직한 조직의 핵심 멤버이기에 혹시나 퇴사하더라도 조직 입장에서 대비할 시간이 충분히 필요하다고 소통했다. 완벽히 마음에 들 수는 없겠지만 최대한 명분을 강조하고자 노력했다.

원칙과 예외, 그 균형을 찾아 나가기

자율의 중요성을 말하면서도 왜 그 부작용을 언급하는 것일까? 스타트업 HR담당자가 가장 많이 겪을 딜레마이기 때문이다. 자율이 지나쳐서 발생하는 문제가 생각보다 많기에 자율의 부재만큼이나 과잉도 함께 고민해야 한다. 조직이란 '특정한 목적'을 달성하기 위해서 모인 집단이다. 다수가 하나의 목적을 추구한다는 것은 그렇게 자연스러운 행위가 아니다. 엔트로피의 법칙처럼 시간의 흐름에 따라 질서에서 무질서로 향하는 것이 자연의 섭리이기 때문이다. 조직 역시 끊임없이 질서를 불어넣기 위해서 구조와 프로세스, 의사결정의 원칙들이 만들어진다. 물론 시간이나 자원의 제약이 없다면 위계나 규정에 근거하지 않을 수 있겠지만 현실에선 모든 것이 늘 부족하다. 결국 적절한 시기에 리더의 의사결정이 요구되고 조직 자원들은 전략적이고 효율적으로 사용되어야 한다.

HR담당자로서 규율과 자율의 균형점을 계속해서 고민할 수밖에 없다. 그럴수록 어설픈 이분법을 조심해야 한다. 전사 차원에서의 우선순위와 구성원의 동기부여는 모두 중요하다. 각 리더들은 명확한 기대 사항을 전달하되 구체적인 업무에선 잠시 물러나야 한다. 지나친 마이크로매니징이 이뤄지면, 어느 순간 조직과 구성원은 성장하지 못하고 한계에 갇히기 때문이다. 그렇다고 우선순위나 기대 사항을 명확하게 소통하지 않으면 초점은 흐려지고 자원은 분산될 수밖에 없다. HR 규정도 마찬가지다. 너무 구체적인 지침으로 구성원들을 옥죄는 것도, 그렇다고 무제한 휴가나 식대처럼 너무 기준이 없는 것도 혼란을 가중시킨다.

자율에 대한 높은 기대를 대응하다 보면 가끔 예전의 위계 조직으로 돌아가고 싶은 유혹마저 생긴다. 그럼에도 불구하고 어느 강연에서 한 유시민 작가의 답변을 빌려오고자 한다. "민주주의는 왜 대세가 되었나요?"라는 질문에 대한 답변이다.

> "민주주의 국가가 전쟁에서 이겼기 때문입니다. 지금까지 다양한 정치 체제가 있었지만, 결국 민주주의가 독재나 군국주의에게 모두 이겼어요. 왜 이겼을까요? 가장 경쟁력 있는 체제이기 때문입니다. 모두 참여할 수 있고, 자유롭게 개성을 발휘하며, 나쁜 지도자도 교체할 수 있기 때문입니다."

국가뿐만 아니라 기업도 예외일 수는 없다. 자율과 규율, 원칙과 예외, 조직과 구성원 사이에서 어떻게 균형을 맞춰나갈지 많은 고민이 필요한 시점이다.

스타트업의 학습 모델, 70:20:10

"스타트업에서 교육이요? 평가요? 그런 것들이 굳이 필요할까요? 저는 평가 제도가 필요 없다고 생각해서 다 없애버렸습니다. 우리 조직도 그렇지만, 대부분 스타트업에서 평균 재직 기간이 2년도 안 되더라고요. 평가 한번 할 때마다 리더들도 구성원들도 서로 엄청난 시간이 들어가잖아요. 이걸 굳이 해야 하냐는 생각이 들었어요. 차라리 일에 좀 더 몰입해서 개인이나 조직이 성과를 내는 것이 낫지 않을까요?"

누군가 이렇게 말했다고 생각해 보자. 여러분은 HR담당자로서 뭐라고 답변할 수 있을까? 빠른 성장을 추구하는 스타트업이기에 충분히 맞닥뜨릴 수 있는 딜레마다. 늘 급한 업무에 시달리고 짧은 재직 기간의 구성원들로 이뤄진 스타트업에서 장기적인 관점을 요구하는 인적자원개발HRD, Human Resource Development 업무는 주목받기 어려워 보인다.

하지만 스타트업에서 구성원들의 성장은 정말 일어나지 않을까? 그렇지 않다. 메타의 COO 셰릴 샌드버그는 "일단 로켓에 올라타라! 회사가 빠르게 성장할 때는 커리어는 알아서 성장하게 되어 있다"고 강조했다. 체계도 없고 혼란에 가득 찬 스타트업이지만, 그럼에도 새로운 것을 지향하는 사람에겐 그만한 기회를 제공하는 곳도 드물다. 일이 많다는 단점은 압축적으로 성장할 수 있다는 장점으로, 역할이 모호하다는 단점은 직무를 확장할 수 있다는 가능성으로 바뀌기 때문이다. 특히 1에서 10을 만드는 게 아니라, 0에서 1을 만들 때 의미를 느끼는 사람들에겐 더욱 그렇다. 성장하려는 이들에게 스타트업은 최고의 학교가 될 수 있기에 스타트업 HRD에 대한 새로운 정의가 필요하다.

스타트업에서 학습이 일어나는 방법

일반적으로 HRD 부서는 조직 목표를 달성하기 위해 조직과 개인의 역량을 개발하며 직무 및 직급별로 필수적인 교육 및 학습 프로그램을 운영한다. 그뿐만 아니라 최근에는 조직문화 개선을 위한 역할도 함께 수행하는 경우가 많다. 스타트업은 주로 200명 이상의 규모에서 전담 인력을 채용하며, 그보다 작은 조직에서는 HR담당자가 다른 역할과 함께 수행한다. 전통적 기업처럼 몇 주에 걸친 신입사원 교육이나 직무 교육, 혹은 승진자 교육 등이 거의 이뤄지지 않기 때문이다. 스타트업에서 학습 활동은 공식적이고 형식적인 학습이 아닌 실제 업무나 동료들과의 피드백처럼 비형식적 활동을 통해 일어나는 경우가 더 많다.

스타트업의 학습 체계는 '70:20:10 학습 모델'로 설명할 수 있다. 이 모델은 경험 학습의 중요성을 강조하는데 실제 업무 상황에서 경험을 통해 배우고 사회적 상호작용을 통해 지식을 공유하며, 형식적인 교육을 보완하여 효과적인 학습을 이루는 것을 목표로 한다. 대략적으로 도전적 업무나 새로운 프로젝트 경험이 70%, 동료 간 지식 공유, 팀 협업, 멘토링이 20%, 공식적인 교육 및 훈련이 10%의 비율로 이뤄진다. 특히 강의실에서의 교육보다 실전 경험과 동료들 간의 소통을 더 강조하는데, 스타트업 학습 환경과 거의 유사하다. 대기업처럼 체계적인 교육을 기대했다면 실망할 수 있지만, 조직이 급격하게 성장하는 과정에서 새로운 도전을 하고 역할을 확장하다 보면 그 어느 곳보다 학습하기 좋은 환경이 될 수도 있다. 70:20:10 학습 모델에 근거하여 스타트업 HRD의 특징과 담당자의 역할을 알아보자.

도표 8. 70:20:10 학습 모델

70% 일을 통한 학습 (On the job experience)	20% 협업을 통한 학습 (Informal learning)	10% 형식 교육에 의한 학습 (Formal learning)
·도전적인 과제 수행 ·난이도 높은 문제 해결 ·역할과 책임의 확장	·협업 시 동료를 통한 배움 ·협업을 통한 지속적 개선 ·피드백, 코칭 및 멘토링 ·네트워크를 통한 학습	·정규 교육 과정 ·워크숍 / 세미나 ·온라인 교육 ·모바일 교육

첫 번째, 실전에서 치열하게 배우기 (70%)

스타트업은 매일매일이 문제 해결과 좌충우돌의 연속이다. 체계적인 온보딩은커녕 입사 첫날부터 업무가 시작되는 경우가 많다. 나 또한 입사 첫날부터 야근을 했던 기억이 있는데, 자료를 모으고 상황을 파악하는 데에도 상당한 시간이 걸렸다. 반면 책임과 권한이 많이 주어지는 만큼 업무에서의 몰입감은 높은 편이다. 스스로 잘 성장하고 있는지 의심이 들기도 하지만 좌충우돌하는 경험을 거치고 '뒤를 돌아봤을 때' 스스로 많이 성장했다는 것을 느낀다. 즉 학습이 일어나는 시기와 체감하는 시점이 다르다.

빠르게 성장하고자 하는 동료들이 모여있기에 도전적 업무를 통한 학습도 잘 일어난다. 하지만 "현업에서 알아서 잘 하겠지"하고 HR담당자가 아예 관심을 놓아버리는 것은 주의해야 한다. 많은 학습이 현업에서 일어나지만, 그것이 질적인 수준을 담보하는 것은 아니다. 30%를 어떻게 설계하느냐에 따라 70%의 실제 업무를 통한 경험 역시 달라질 수 있다. 예를 들어 프로젝트가 끝나고 정기적으로 '무엇이 좋았고 무엇이 아쉬웠으며 무엇을 배웠는지' 회고하고, 서로에게 피드백하는 시간만 가져도 적지 않은 배움을 체감할 수 있다. 이것이 많은 스타트업에서 회고와 피드백을 강조하는 이유고 나 또한 매주, 매 분기, 반기 단위로 팀 회고 및 피드백 세션을 갖는다.

더불어 도전적인 프로젝트에 몰입하기 위해 중요한 것은 구성원들의 경력 개발 목표를 조직 목표와 얼라인 시키는 것이다. 아무리 힘든 일이라 하더라도 스스로의 경력 목표가 분명하고 해당 업무가 도움이 된다고 생각하면 몰입도는 높아질 수밖에 없다. 피드백에 대해서도 수용적인 자세를 취하게 된다. 정리하자면 HR담당자는 전사적으로 회고 문화를 갖추도록 지원하고, 구성원들의 경력 개발을 촉진할 수 있도록 리더들과 함께 고민할 필요가 있다. 나아가 도전적인 업무 경험을 위한 직무 설계 및 조직 구조 개편도 함께 고려할 만하다.

두 번째, 동료들을 통해서 함께 배우기 (20%)
훌륭한 동료가 최고의 복지다. 보상이나 복지 제도가 아무리 좋더라도 배울 점이 없는 동료들로 가득 찬 조직에선 버티기 힘들다. 스타트업처럼 작은 조직은 서로 간 친밀감이 높고 이를 통한 지식 교류도 쉽게 일어난다는 강점이 있다. 그중에서도 개발 직군은 어떤 직무보다 최신 이슈에 민감하기 때문에 자체 스터디 그룹을 운영할 때가 많다. 주요 OS가 업데이트되거나 트렌드가 변화할 때마다 귀를 기울여야 하고, Chat GPT처럼 기술 발전 속도가 빠를 때는 몇 개월만 학습을 게을리해도 바로 티가 나기 때문이다.

버즈빌에서도 개발 스터디가 활발하게 운영되었고 그 비결에 대해서 인터뷰를 진행한 적이 있다. 첫 번째로 수평적인 조직문화와 심리적 안전감을 언급했다. 지식과 정보가 단순히 한 방향으로 흐르지 않고 양방향으로 주고받는 것이 중요한데, 이를 위해선 참여자들이 눈치를 보지 않고 자유롭게 말할 수 있어야 했다. 당시 버즈빌은 그러한 문화를 갖고 있었고 덕분에 다양한 스터디가 활발하게 이뤄졌다. 두 번째 조건은 성장을 추구하는 동료다. 채용 단계부터 개발에 진심인 동료들을 영입하기 때문에 그러한 열정에 서로가 불을 붙이면서 스터디를 지속할 수 있었다. 세 번째는 의무가 없는 자발적 문화다. 아무리 좋은 스터디라도 무리하게 일정을 잡고 과제 압박이 심하다면 지속되기 힘들다. 하지만 개발자 스터디는 참여자들이 스스로 모임을 주도하기 때문에 부담 없이 지속할 수 있었고, 장기적으로 조직 차원의 학습이 일어났다고 강조했다.

또 다른 스타트업에서는 점심시간을 활용한 지식 공유 프로그램인 'Lunch & Learn'이 운영되었다. 격주 단위로 각 부서별 노하우를 가진 사람들이 다양한 사례를 공유하는 시간이었는데, 간단한 점심을 먹으면서 캐주얼하게 운영되어 반응이 좋았다. 모든 내용을 동영상으로 녹화하여 그룹웨어에 남겼기 때문에, 추후 입사하는 누구든 다시 볼 수 있어 훌륭한 지적 자산으로 활용할 수 있었다. 정리하자면 HR담당자는 스터디 조직이 활성화되도록 지원하고 좋은 사례가 널리 공유되도록 할 필요가 있다. 나아가 폭넓은 관계를 형성하고 그 안에서 학습이 자연스럽게 일어나도록 도울 수도 있다. 빠르게 성장하는 동료들을 보면서 자극받고 또 지식을 공유하는 선순환을 만들다 보면 자연스럽게 학습하는 조직이 이뤄지는 게 아닐까?

세 번째, 학습 프로그램을 통해서 배우기 (10%)

HRD 역할 중에서 어느 조직이든 빼놓을 수 없는 활동이 신규 입사자 온보딩이다. 스타트업은 신입보다 경력 입사자가 많고, 저마다 다른 지식과 경험을 갖고 합류하기 때문에 새로운 환경에 잘 적응하도록 도와야 한다. 오리엔테이션에선 주로 조직 역사와 비전, 핵심 가치에 대해서 다룬다. 나는 과거에 신규 입사자를 위한 <부트캠프Bootcamp>라는 2일짜리 프로그램을 기획했는데, 고객 중심의 서비스를 강조하기 위해서 실제 해커톤 방식으로 아이디어를 모으고 고객으로부터 피드백을 받아 발표하기도 했다. 또한 CEO를 비롯한 주요 리더들의 강연이 이뤄져 조직을 빠르게 이해하는 데 도움을 주고 역할 모델을 설정할 기회를 만들었다.

온보딩과 더불어 HR에서 반드시 챙겨야 하는 분야는 리더십 프로그램이다. 성장하는 스타트업에선 리더십 역량이 부족하더라도 일단 작은 조직을 맡겨보는 경우가 많다. 처음에는 누구나 힘들지만 시행착오를 겪으며 리더십을 배우고 성장할 기회도 만들어진다. 전체 경력이 2~3년밖에 되지 않았음에도 불구하고 팀원들을 잘 매니징하고, 팀을 훌륭하게 이끌어가는 아웃라이어들도 관찰할 수 있다. 하지만 대부분의 스타트업 리더들은 선수들과 함께 뛰면서 감독 역할도 하는 플레잉 코치처럼, 실무와 관리를 균형 있게 넘나들어야 하기에 어려움을 호소한다. 또 리더십에 필요한 경험과 역량을 갖추기도 전에 이미 리더가 되어버려서 난감해하는 경우도 많다.

나는 다양한 스타트업에서 리더십 프로그램을 진행했는데, 특히 그룹 코칭 프로그램이 반응이 좋았다. "리더십의 목적은 무엇인가?" "리더는 모든 면에서 유능해야 하는가?" 등의 질문을 가지고 자유롭게 토론하는 시간을 가졌다. 리더십을 실천하는 과정에서 서로에게 자극을 주기도 했는데, 특정 팀 리더가 일주일에 1번 팀원들과 좀 더 사적인 대화를 나누며 소통을 시도하자 다른 팀 리더도 금방 동참하기도 했다. 이처럼 정답이 아닌 각자의 해답을 찾아나가는 과정이 인상깊었다. 정기적으로 책을 읽고 토론하는 북클럽 활동도 있었는데 다양한 리더십 책을 읽으며 독후감도 쓰고 실천적인 아이디어를 함께 탐색하기도 했다. 스타트업 HR담당자는 남들이 다 하는 천편일률적인 프로그램을 도입하기보다는 '지금 당장 우리가 풀어야 하는 문제가 무엇인지' 목적을 명확하게 정의할 필요가 있다. 잘 설계된 프로그램은 구성원들의 행동 변화를 일으키고 나아가 팀과 조직의 변화까지 자연스럽게 이끌어낼 수 있다고 믿는다.

스타트업 성장 사례, 인턴에서 리더로

스타트업에서 성장은 저절로 찾아오지 않지만 마음먹기에 따라선 엄청난 압축 성장도 가능하다. 다양한 사례 중에서 '강남언니팀'의 이야기를 공유하고자 한다. 전 회사의 퇴사 이유를 묻는 내 질문에 '더 빠른 성장을 원하기 때문'이라고 담담하게 밝힌 구성원이 있었다. 3년 전 강남언니팀으로 합류했는데, 당시 인턴 이력서를 수십 개 넣었는데도 모두 서류 전형에서 탈락했고 도대체 왜 탈락했는지 궁금해서 당차게도 지원한 회사에 전부 직접 전화를 걸었다고 했다.

사업기획 분야에서 인턴 업무를 하며 조직 생활을 경험했고 이후 IT업계에서 일하고 싶다는 생각을 가진 그는 어느 날 GitHub에서 주관하는 IT 세션에 참석했다. 주말인데도 강남언니팀 구성원이 7명이나 온 것을 보고 '도대체 어떤 회사이길래 주말에도 쉬지 않고 여기를 오는지' 궁금했다고 한다. 당시 강남언니팀에서는 개발자, 프로덕트 오너, 리쿠르터, 디자이너, 사업개발 등 모든 포지션이 참석해 있었다. 그는 짧은 만남이었지만 강렬한 에너지에 이끌려 인턴으로 지원하게 되었다. 합류 직전, 다른 기업을 놓고 입사를 고민하기도 했지만 사업개발 담당이 집 앞까지 찾아가 입사를 설득했다. "당신이 성장을 좋아하고 조직이 시키는 일만 하는 걸 좋아하지 않는 것을 잘 안다. 그런데 만일 다른 조직에서 시키는 대로 일하게 되는 상황이 되면 어떻게 하겠냐. 우리는 당신에게 제한 없이 자율적으로 성장할 기회를 제공해 줄 것이다."

마음을 움직인 것은 보상도 멋진 사무 공간도 아닌 성장 기회와 자신을 향한 존중이었다. 그렇게 합류한 조직에선 스쿼드 내 서브 PO로 업무를 시작했다. 데이터 보는 방법부터 배워야 했고 처음에는 짧은 주기로 진행되는 이터레이션을 따라잡기가 몹시 힘들었다. 6개월의 고군분투를 거쳐 뾰족한 집요함과 성장잠재력을 인정받아 정규 직원으로 전환되었다. 어느 날 본인이 맡은 도메인 외에 다른 도메인도 해보겠다고 손을 들었고, 낭중지추와 같은 역량을 간파한 CPO의 전격적인 결정으로 한 스쿼드의 리드를 맡게 되었다. 합류한지 불과 1년도 되지 않은 시점이었다.

스타트업에서 가장 빠르게 성장하는 사람은 새로운 기회를 자신의 것으로 만드는 사람이다. 이처럼 다양한 기회가 열려있는 스타트업에서 1년 만에 리더 역할을 하는 인재들이 나타나 다른 동료들에게 자극이 되기도 하고 그 반대의 사례도 존재한다. 성장 속도의 차이는 어느 조직에나 있기 마련이며 차이를 좁히고 전체적으로 우상향하는 성장을 만들어내기 위한 조직 차원의 노력이 중요하다. 협업 과정에서 피드백을 주고받으며 학습할 수 있도록 하고 도전적인 과제를 부여하는 과정을 통해 함께 성장할 수 있다. 도전적인 일을 통해 배우고 서로 피드백하며 함께 성장하는 조직, 스타트업 HR담당자가 지향해야 할 방향성이 아닐까.

팀장의 리더십

조직이 성장함에 따라 팀이 많아짐과 동시에 팀장인 리더도 새로 배출되기 마련이다. 특히나 적은 인원의 스타트업은 팀 리더라 해도 경력이 10년이 안 되는 경우가 허다하다. 십여 명 규모에서 조직이 성장했기에 초기 멤버가 있던 팀에 인원이 늘어나면서 주니어가 어쩌다가 리더를 맡게 되는 경우도 있다. 특히나 개발자, 디자이너, PO가 함께 하나의 팀을 이루는 목적형 조직의 경우 PO가 리더를 맡아 도메인의 문제를 해결하는 프로젝트를 진행하게 되는데, 기능상 리더의 역할을 하더라도 경력이 길지 않은 리더에게는 장애 발생 시 보다 신속하게 개발자의 수정을 끌어내고, 더욱 고객 관점에서 디자인을 고민하도록 촉구하는 리더십이 결코 쉽지만은 않다.

    총 경력 4년 차로 몇 가지 도메인을 담당하는 스쿼드의 리더를 맡고 있던 PO와 오랜만에 함께한 커피타임에서 그는 개발자에게 동기부여 하기가 힘들다는 넋두리를 쏟아냈다. 리더로서 고객의 문제를 적극적으로 신속하게 해결하고 싶은데, 함께 해결할 동료의 의지와 속도를 끌어내기가 힘들다는 것이다. 구성원의 의욕을 불러일으키는 것은 상당한 경력의 리더에게도 어려운데 하물며 주니어 리더에게는 밤잠 못 이루고 전전긍긍하게 만드는 큰 숙제였다. 이야기를 들어주고 간단한 조언밖에 해줄 수 없었던 공허한 커피타임을 마치고 자리로 돌아오는 길에 리더에게 도움이 되고 구성원에게 전파해야 할 리더십을 제대로 정의하는 것이 시급하다는 생각이 들었다.

리더십 정의하기

리더마다 조직마다 그리고 그것을 받아들이는 구성원에 따라 요구되는 리더십 스타일이 다르다. 대전제는 조직 전체가 추구하는 가치가 리더십의 밑바탕이 되어야 할 것이고 그다음엔 각 리더가 자기만의 리더십을 반영하여 동료에게 적용해야 한다. 강남언니팀도 짧은 경력의 리더, 처음 리더가 된 이들의 고민을 듣고 우리가 추구하는 리더십에 대한 정의를 내리기로 했다. 먼저 대표님과 함께 조직이 추구하는 리더십을 정의하는 시간을 가졌다.

우리 조직은 고객 집착이라는 인재상을 바탕으로 고객의 관점에서 문제를 해결하는 것이 제품 철학의 기본이다. 보통의 조직도 모양은 위에서부터 아래로 내려오며 CEO에서 팀원까지 직급이 낮아지는 형태지만, 강남언니팀의 조직도는 상하가 뒤집힌 형태로 CEO가 가장 아래에, 구성원들이 제일 상단에 자리 잡은 아름드리나무 모양이다. 이 나무의 형태는 리더 그리고 리더가 이끄는 구성원의 모습과 비슷하다. 튼튼한 나무 기둥이 리더이고 리더가 구성원들을 아래에서 뒷받침하며 섬길 때 구성원들도 자유롭게 자신의 능력을 발휘하면서 고객을 섬기게 된다. 즉 구성원이 고객을 더 잘 섬길 수 있도록 리더가 구성원을 섬기며 창의적 인재로 존중하는 섬김의 리더십이 핵심이다.

그렇다고 리더가 구성원의 자율을 존중하는 방향으로 섬기기만 하면 될까? 섬김의 리더십이라는 원칙 하에 리더가 실질적으로 팀을 리딩하는 데 참고할 수 있는 구체적인 역할에 대해 더 깊이 논의하는 시간도 여러 차례 이어졌다. 이후 팀 빌딩을 잘 하여 좋은 성과를 만들어 내면서 구성원의 성장을 지원하는 섬김의 리더십으로 리더십 원칙을 정의했다.

어느 조직에서나 조직 관점에서 쉽게 리더의 역할과 리더십을 정의할 수 있지만, 중요한 것은 조직 내 리더들이 얼마나 동의하고 공감하여 자신이 팀을 이끌 때 적용할 수 있느냐이다. 결국 조직이 추구하는 리더십을 리더들에게 잘 전파하는 것이 중요한데, 그 공감을 이끌어 내기 위해서는 회사가 정한 것을 그냥 따르라는 것이 아닌 실제 리더들은 어떻게 생각하는지 그들의 이야기를 먼저 들어보아야 한다. 나는 동의하지 않지만 회사에서 하라고 해서 한다는 식의 리더의 변명이야말로 구성원에게 지지도 받지 못하고 가이드도 줄 수 없는 최악의 리더십이기 때문이다.

북클럽으로 함께 그려낸 리더십

리더의 공감을 이끌고 리더 본인의 리더십에 대한 생각을 자유롭게 들어보는 자리를 위해 '리더스 북클럽'을 진행했다. 다섯 명의 리더들을 한 팀으로 묶어 각기 다른 일정으로 현재 직면한 리더로서의 고민은 무엇이고 리더십 발휘에 있어 부족한 것은 무엇인지 그리고 우리 조직이 추구하는 리더십은 어땠으면 좋을지 논의하는 시간을 가졌다. 함께 읽고 이야기 나눌 책은 『창의성을 지휘하라』[14], 『팀장의 탄생』[15], 『하이 아웃풋 매니지먼트』[16]로 선정하여

---

14 에드 캣멀, 에이미 월러스, 『창의성을 지휘하라』, 윤태경 옮김, 와이즈베리, 2014
15 줄리 주오, 『팀장의 탄생』, 김고명 옮김, 더퀘스트, 2020
16 앤드루 S. 그로브, 『하이 아웃풋 매니지먼트』, 유정식 옮김, 청림출판, 2018

각 팀마다 총 세 차례에 걸쳐 모였다.

처음 리더스 북클럽을 진행한다고 공지했을 때, 늘 그렇듯 "바빠서 어려울 것 같아요." "사전에 감상문을 꼭 써야 하나요?" "다른 책을 읽으면 안 되나요?" 등 HR이 하는 공지에 대한 리더들의 단골 반응들이 있었다. 왜 지금 리더십의 정의가 필요하며 왜 리더분들이 직접 참여하여 생각을 나눌 필요가 있는지 공지문으로도, 올핸즈에서 발표로도 또 일일이 찾아가 설명했다. 그 결과 총 5개 모임으로 리더스 북클럽을 시작할 수 있었다.

북클럽 전 리더들은 각자 책을 읽고 소감문을 작성하여 제출했고, HR팀의 모더레이터가 내용을 취합하여 북클럽 시 함께 논의할 만한 주제를 리스트업하여 북클럽 시작 전에 리더들에게 공유했다. 업무 회의가 아니고서야 리더들이 따로 모여서 이야기 나눈 적이 거의 없었던 터라 리더들도 같은 입장에서 고민을 솔직하게 털어놓을 수 있지 않을까 하는 기대감에 북클럽 분위기는 꽤나 활발했다. 책을 읽고 느낀 소회를 짧게 돌아가면서 발표하는 것을 시작으로 지금 내가 행하고 있는 리더십, 내가 바라는 리더십에 대해 생각과 경험을 공유했다. 마지막에는 미리 대표님과 준비한 우리가 함께 만들어 나가는 리더십이라는 주제로, 조직이 바라는 리더십 내용을 공유하여 의견을 듣는 시간을 가졌다.

본인이 행하고 있는 리더십에 대해 한 리더는 자신이 틀렸다는 사실을 솔직하게 알려서 구성원으로 하여금 본인의 실수도 편히 이야기할 수 있는 심리적 안정감을 주려고 노력한다고 했다. 이로 인해 숨김으로써 더 커질 수 있는 문제를 조기에 발견하여 해결할 수 있었다고 한다. 또 다른 리더는 구성원이 회사 내에서 중요한 역할을 하고 있다는 자기효능감을 느낄 수 있도록 새로운 기회를 부여하고 지속적인 피드백으로 동기부여를 하여, 구성원의 성장이 결국 회사의 성장으로 이어지도록 신경 쓰고 있다고 했다. 더 나아가 구성원 성장이 조직 성장에 기여하게 할 수 있도록 조직 전체 목표와 얼라인된 구성원의 목표를 고민하고 있다는 리더도 있었다. 리더의 고민이 녹아들어 만들어진 자신만의 노하우가 쉴 틈 없이 하나둘씩 쏟아져 나왔다.

한편 리더로서 어려움을 마음 편히 토로할 곳이 없어 답답할 때가 있다며 멘탈 관리의 어려움을 이야기하기도 했다. 리더의 어려움과 외로움에 대한 얘기가 나오자 듣고 있던 리더들은 공감의 눈빛을 보내며 짧은 탄식을 내뱉었다. 자연스럽게 고개가 끄덕여지는 이야기와 배울만한 점을 받아 적는 장면도 자연스럽게 연출되었다. 리더로서의 고민을 지금껏 혼자 해왔었는데 동지들에게 솔직히 털어놓고 조언을 구하기도 하는 과정에서 리더들도 한 뼘 더 성숙해지는 듯했다.

다행히 회사가 추구하는 리더십 내용이 담긴 책을 선정해서인지 아니면 평소에도 조직문화 차원에서 리더들의 싱크가 잘 맞춰져 있어서였는지는 모르겠지만, 리더들 간의 토론 끝에 대표님과 미리 작성했던 조직이 추구하는 리더십 초안을 공유하였을 때 대부분의 리더의 고개가 공감으로 끄덕여졌다. 섬김의 리더십이라는 리더십 초안에 북클럽에서 리더들로부터 받은 의견도 추가하여 우리의 리더십을 최종적으로 정의하게 되었고 이는 1on1, 다른 업무 피드백 등 리더와 구성원 간의 모든 소통에서 기본 원칙으로 자리 잡았다.

이렇게 정의된 우리만의 리더십이 전사에 공유되고 나니 오히려 그동안 묵혀져 있던, 부족했던 점들이 표면으로 드러나기 시작했다. 구성원들도 리더에게 기대하는 바가 높아지다 보니 1on1 시 리더에게 보다 깊은 피드백을 요구하기도 하고, 명확한 방향 제시를 요청하기도 했다. 이런 요청이 있었다는 건 그간 리더십이 잘 작동하지 않았다는 방증이다. 물론 한 번의 정의와 공유로 리더 스스로도 섬김의 리더십을 체화하기 쉽지 않으므로, 리더들의 모임인 리더십 런치에서 정기적으로 리마인드하도록 노력하고 있다. 문화는 만드는 것도 어렵지만 유지하고 전파하는 데 더욱 많은 노력이 들기에, 그 활동은 고스란히 HR이 맡아 끊임없이 리마인드하고 모니터링하여 개선할 부분도 찾아야 하겠다. 이제 시작이다. 리더들도 동료를 섬기는 마음으로 팀을 이끌어 성과를 만들어 낼 것이고 동료도 리더의 지지를 받아 성장해 나갈 것이다.

성장으로 이끄는 피드백

조직마다 추구하는 리더십은 다르지만, 리더가 리더십을 발휘해야 할 영역과 시점은 크게 다르지 않다. 그중 피드백으로 구성원의 성장을 지원하고 조직이 성장에 이르게 하는 것이야말로 리더십이 필요한 중요한 영역 중 하나다. 피드백의 목적은 구성원의 성장을 통해 조직의 성과를 이루어내기 위함이며, 때로는 조직의 성장과 다른 방향성을 추구하는 구성원과는 아름다운 이별을 준비하기 위함이기도 하다.

스타트업은 본인의 성장 욕구가 강한 창의적 인재들의 집합체라는 점을 감안하면, 이러한 구성원들이 조직의 미션을 바라보며 목표를 수행하도록 하기 위해서는 단순히 업무 부여만으로는 한계가 있다. 조직의 목표와 구성원의 커리어 성장이 얼라인되는 방향의 피드백을 통해 성장을 지원한다면, 자연스럽게 그들의 성장에 따른 산출물의 크기는 무한해지고 조직의 성장도 함께 이끌 것이다.

성장을 위한 피드백은 구성원이 가지고 있는 업무적인 어려움이 무엇인지 파악하여 병목을 해결해 주는 것을 시작으로, 중기 및 장기적인 관점의 커리어 성장 목표를 함께 수립하고 목표를 달성하기 위해 각 단계별로 어떤 지원이 필요한지 리더가 적극적으로 고민해야 한다. 구성원과의 1on1 시 구성원의 미래의 성장 후의 모습을 정의한 다음, GAP 분석을 바탕으로 현재의 역량 수준에 대해 리더와 구성원이 눈높이를 맞춘 후 성장을 위해 수행해야 할 액션 아이템을 함께 수립하고 진행 상황과 성장 방향성을 정기적으로 모니터링해야 한다.

효과적인 리더십 방법

리더마다 리더십 스타일이 다르고, 조직과 업무의 특성에 따라 리더십 스타일이 달리 요구되기도 한다. 구성원 스스로 문제를 발견하고 해답을 찾도록 리더가 도와주는 코칭 리더십이 있고, 리더의 경험과 지식을 구성원에게 알려주는 것에 집중하는 티칭 리더십이 있다. 주로 코칭 리더십은 창의적인 업무를 하거나 창의적인 인재가 모인 곳에서 적합하며 티칭 리더십은 매뉴얼화된 업무를 수행하는 조직에 더 적합하다.

스타트업의 경우 다이내믹하게 변화하는 상황에서 신속하게 문제를 스스로 해결해 나가야 하는 경우가 많은데 이런 상황에 능동적으로 대처할 수 있고, 창의적으로 본인의 성장을 이끌어가기 위해서는 코칭 리더십이 더 적합하다. 리더는 코칭 리더십을 통해 구성원의 미래를 고민하고 솔직하고 애정 어린 피드백을 일관되게 제공하여 구성원의 성장을 돕고 조직의 성과로 이어지게 한다. 또한 책임과 동시에 자율성을 존중하며 새로운 도전을 지지할 수 있다. 물론 아무리 창의적이고 성장 지향의 좋은 구성원을 영입했다 하더라도 티칭이 필요한 구성원도 있다. 매뉴얼화된 업무를 처리하거나 단순한 업무에 익숙한 경우 방향성을 제시하는 코칭보다는 업무를 처리하는 방법을 학습시키는 티칭이 더 적합할 수도 있다.

좋은 피드백은 전달하기도 쉽고 이야기를 나누는 동안 분위기도 좋겠지만, 동료의 성장을 위해서는 부정적인 피드백을 해야 할 경우가 반드시 있기 마련이며 이 피드백에서야말로 리더십이 가장 잘 발현되어야 한다. 리더십 실행 방법에 대해 참고할 만한 책으로 킴 스콧Kim Scott의 『실리콘밸리의 팀장들』[17]이 있다. 이 책에서는 어려운 피드백을 잘 전달하기 위해 "어려운 이야기를 직접적으로 한다Challenge directly"와 "개인적 공감을 얻으며 이야기를 한다Care personally"라는 두 가지 조언을 제시한다.

'Radical Candor'는 완전한 솔직함이라고 할 수 있다. 부정적인 피드백을 즉 챌린지를 동료의 공감과 케어 없이 직접적으로 하게 된다면 그 피드백은 동료에게 불쾌한 공격이 될 것이다. 그런데 엄격한 애정을 바탕으로 챌린지는 직접적으로 하되, 동료가 심정적으

---

[17] 킴 스콧, 『실리콘밸리의 팀장들』, 박세연 옮김, 청림출판사, 2019

로 편안하게 받아들일 수 있도록 따뜻한 배려를 바탕으로 한다면 피드백을 받는 동료도 당황하지 않고 고마운 마음으로 피드백을 받아들이고 본인의 부족한 점을 개선하게 될 것이다.

피드백에서 가장 중요한 것은 구성원과 리더 간의 신뢰이다. 피드백은 정기적으로 진행되어야 하고 구성원의 업무에 대한 이야기뿐만 아니라 업무 외적인 상황, 즉 최근 건강이나 개인적인 사유의 이슈가 있는지, 그로 인해 업무에 지장을 줄 만한 일은 없는지도 공유하는 시간이 되어야 한다. 구성원이 온전히 업무에 몰입하는 데 지장을 주는 어떤 것이든 리더는 알고 있어야 한다. 애정을 바탕으로 한 리더십이라면 진심으로 그 구성원의 현재 상황에 관심을 가지고 도움을 줄 수 있다. 구성원의 개인적인 일을 해결해 줄 수는 없어도 알아주고 공감하는 것만으로도 위안이 되어 보다 빨리 업무에 집중할 수 있는 컨디션으로 회복하는 데 도움이 될 것이다.

리더들의 소통, 리더십 런치

똑딱, 똑딱. 막 올핸즈가 끝난 수요일 점심시간의 라운지, 리더십 런치가 준비되는 동안 라운지 가장자리에 있는 탁구대에서 리더들의 명쾌한 탁구 치는 소리가 들린다. HR팀이 주문받은 도시락을 리더들의 테이블마다 분주히 배분하는 동안, 삼삼오오 모여든 리더들은 하나둘 자신의 이름이 표기된 테이블을 찾아 자리를 잡는다. 이렇게 매월 첫째 주 수요일 리더십 런치가 시작된다.

간혹 상위 경영자들이 제안하여 시급하게 시행해야 하는 과제에 대해 리더가 구성원들에게 설득하는 과정에서 구성원들의 의문 가득한 반발에 맞닥뜨리는 경우가 있다. 왜 지금 이 과제에 집중해야 하는가에 대한 질문에 리더 또한 납득이 가지 않는 상황에서 "회사에서 하라고 하니까 어쩔 수 없이 해야 한다"는 식의 대답을 한 경우가 있었다. 구성원들은 상황이 더욱 이해되지 않았고 다소 억지스럽게 시작된 과제는 진행 내내 삐걱거리기 일쑤였다. 이때 만일 리더가 회사의 방향성에 대해 이해하고 충분히 납득되었더라면, 리더 스스로도 과제가 원만하게 진행될 수 있도록 구성원을 설득시킬 근거를 마련하여 단계별 미팅을 통해 맥락을 충분히 공유할 수 있었을 것이다. 하지만 리더 본인이 납득되지 않은 상황에서 출발한 과제는 그 과정과 결과 모두 누구의 기대치에도 미치지 못하게 되었다.

리더들이 회사가 추구하는 방향성과 현재 주요 이슈에 대해 충분히 이해할 수 있도록 돕고, 리더들 간의 소통을 증진시키고자 매월 한 번 리더십 런치를 진행하기 시작했다. HR이 주관하고 스쿼드 리드 이상의 리더들이 회사 라운지에 조별로 모여 앉아, 전사 공지사항을 듣거나 중요 안건에 대해 짧은 논의 후 식사를 하면서 추가 토론을 이어가는 방식이다. 회사가 전파해야 할 내용이 있거나 이미 공지된 내용에 대한 추가 맥락 설명이 필요한 경우에는 이 내용을 먼저 공유하고 식사를 진행한다. 전사 공유 사항은 "투자 혹한기 시기의 우리의 비즈니스 전략" 같은 전사 전략에서부터 "기본이 출근"이라는 현재 일하는 방식에 이르기까지, 리더들이 정확하게 맥락을 이해하고 자신의 조직에 돌아가 전파해야 할 필요가 있는 중요한 안건이 다뤄졌다.

사실 처음 리더십 런치를 시작할 때는 한 달에 한 번 진행되기에 전사 차원의 공지사항이 늘 있으리라 생각했는데, 어떤 때에는 주요 공지사항이 하나도 없는 경우도 있었다. 물론 공유 후 토론까지 이어지기에는 짧은 시간이므로 정말 중요한 주제에 대해서만 공유하자는 높은 기준이 있기는 했으나, 별도로 전사 차원에서 전파할 내용이 없는 경우에는 리더들의 밍글링을 위한 시간으로 활용하기로 했다. 리더들끼리 이야기 나눌 만한 주제를 하나씩 선정해 식사하고 서로 이야기 나누면서 밍글링 효과도 누리고자 했다.

조직별로 협업을 많이 하여 친밀감이 높은 리더들도 있고, 최근에 입사해서 아직 다른 조직의 리더와는 소통한 경우가 드문 리더도 있었다. 리더로서의 경력 연차도 다양하여 함께 소통하는 시간 자체를 리더들도 매우 유익하게 생각했다. 하루는 "리더십에 참고할 만한 추천 도서가 있는지?"라는 주제를 제시했는데, 리더들은 조별로 옹기종기 모여 앉아 식사를 하면서 책 이야기에서부터 리더로서 시간 관리의 어려움, 구성원 사기진작 노하우 공유 등 리더십에 관련한 다양한 이야기를 나눴다. 시간관리의 어려움을 토로하던 한 리더의 고충에 다른 리더들은 오전마다 리더 일기를 쓴다, 매주 금요일마다 스스로 회고 문서를 작성한다, 유명 인사의 기고 글을 자주 읽는다 등 노하우를 아낌없이 공유했다.

매번 리더십 런치 진행 후 만족도 설문 조사를 받고 있다. 좋은 리더 한 사람을 만나서 노하우를 듣기도 쉽지 않은데, 한번에 여러 리더들에게 '구성원들에게는 차마 말하지 못한 리더의 고민을 허심탄회하게 털어놓고 다양한 경험담을 나눌 수 있어서 좋다'는 의견을 들은 것이 가장 기억에 남는다. 회사의 방향성에 대한 얼라인뿐만 아니라 리더들 간 소통을 통해 조직을 더 단단하게 이끌 수 있는 힘을 충전시키는 시간이 바로 리더십 런치인 것이다.

끝은 새로운 시작, 퇴사를 회고하다

이제 막 새로운 곳으로 입사해서 조직의 분위기를 파악하고 있을 때였다. 아침 일찍 사무실에 도착해 눈으로 쓱 훑으면서 구성원들이 얼마나 출근했는지, 환경 정리는 잘 되어있는지, 회의실 공간은 충분한지 등을 생각하며 자리에 앉는다. HR담당자는 화장실에 가다가도 구성원 얼굴을 보면 잊고 있었던 할 일이 생각나는 것처럼, 모니터가 아니라 눈으로 사무실을 살피는 것 또한 업무의 일부일 것이다.

나도 전임자로부터 인수인계를 받느라 약간의 긴장과 많은 질문이 머릿속을 복잡하게 하던 그때, 성장하는 조직에 맞게 입사하는 구성원들이 있는 반면 퇴사하는 구성원 수도 그에 못지않았다. 구성원 퇴직 프로세스 관련하여 인수인계 문서에는 HR에서 퇴직 면담을 진행한다고 적혀있긴 했으나, 고용노동부에 제출할 상실신고 코드 정도를 제외하고는 누가 언제 어떤 사유로 퇴사를 했으며 어떤 이유로 퇴사가 매달 발생하고 있는지 확인할 길이 없었다. 퇴사자 본인과 리더만 알고 있을 수도 있고 일부는 전임 HR 담당이 알고 있을 수도 있지만 동료의 퇴사에 대한 궁금증이 가시기도 전에 또 다른 동료의 퇴사 소식이 전해져왔다.

기존 퇴직 프로세스대로 내가 퇴직 면담을 진행하였고, 구성원의 이런저런 이야기를 듣다 보니 HR담당자에게 하는 이야기가 어쩌면 팀장에게도 하지 못한 가장 솔직한 내용일 수도 있고, 아니면 조직 전체 차원의 객관적인 사유가 아닌 오직 본인 중심적인 이야기일 수도 있겠다는 생각이 들었다. 퇴사라는 큰 결정을 내리게 된 배경이 더 나은 기회를 위한 이직 외에도 조직에 대한 불만이나 아쉬움 등 여러 가지 복합적인 사유일 수도 있기 때문이다. 그 진짜 배경을 한 시간여 HR 면담만으로 파악하기는 힘들며, 구성원의 성향에 따라 그리고 특수한 상황에 따라 전해지는 이야기는 편파적일 수밖에 없다.

퇴사의 의미

성장하는 조직에서 적정 비율의 퇴사는 오히려 새로운 인재를 영입해 조직의 인재 밀도를 높일 수 있는 기회가 되기도 한다. 그러나 조직과 개인이 서로에게 원하는 목적이 달성되어 적절한 시점에 헤어짐에 이르게 된다면 가장 아름다운 이별이 되겠지만, 그 이외의 사유라 하면 분명 조직 차원에서나 개인 차원에서 회고의 포인트는 있기 마련이다. 구성원에게 문제가 있었다면 조직에서 어떻게 그 문제를 살피고 대응했는지, 도와줄 부분은 없었는지, 충분히 도움을 주었는지 회고해야 한다. 조직에게 문제가 있었다면 이는 더욱 심층적으로 들여다보아 추후 동일한 사유로 우수한 인재가 이탈하지 않도록 지속적으로 개선해 나가야 할 것이다.

얼마 전 작은 조직 변동이 있었고 이 변화에 따라 구성원들이 새로운 업무를 맡기도 하고 같은 업무를 수행하더라도 조직 전략 변화로 인해 기존과는 다른 새로운 방향성으로 피드백을 받게 되기도 했다. 이로 인해 힘들어하던 한 구성원이 퇴사 결정을 하게 되었다. 나는 퇴직 면담을 하기 위해 회사 가까이 자리 잡은 조용한

카페에서 그를 만났다. 그는 짧게 근황을 나눈 후 어렵게 퇴사 결심을 하게 된 이유를 토로했다.

그간 리더와의 피드백 과정에서 자신이 수행해 온 성과에 대한 인정은 무시된 채, 잘못된 점에 대해서만 수차례 챌린지를 받아 왔다는 점 그리고 마지막 선택을 하라고 제안받아 어쩔 수 없이 퇴사를 결정하게 되었다고 울먹였다. 이야기를 들으면서 이 구성원이 저성과자라면 그리고 리더가 저성과자에 대해 고심 끝에 강한 피드백을 한 것이라면 구성원 입장에서는 아쉽고 억울할 수 있겠지만 목적했던 방향이었을 것이다. 반면, 이 구성원이 조직에 심각한 수준의 영향을 끼치는 저성과자가 아니라면 성과 인정은 배제하고 단기적인 과실을 문제 삼아 피드백을 하고 퇴사까지 이르게 하였으니 조직관리에 실패한 사례가 될 것이다.

나는 입사한지 얼마 되지 않아 그가 조직에서 어떤 피드백을 받고 있는지 깊이 알지는 못하는 상황이었기에 리더와의 확인이 필요했다. 퇴사를 앞둔 구성원의 이야기가 전부일지, 아니면 그 상황을 초래하게 된 배경이 무엇이었는지 확인하기 위해 구성원의 퇴사 결심 과정에 깊게 관여한 리더와 주변 구성원의 이야기를 들어보는 페어웰 커미티를 구성했다. 진짜 퇴사 사유는 그 당사자와 주변인들이 생각하는 편파적인 이야기를 모두 모아 사실을 바탕으로 분석해야만 알 수 있기 때문이다.

페어웰 커미티를 소집하다

퇴사 예정인 동료의 팀리더, 챕터 리더, HR, CEO가 참여하는 페어웰 커미티Farewell Committee를 소집하여, 각자 이 동료의 업무성과나 성장과정에 대한 내용뿐 아니라 피드백하면서 나눈 이야기들을 공유하고 각자가 생각한 퇴사사유와 그로 인한 인사이트를 고민했다. 놀라운 것은 아니 어쩌면 많은 사례에서 그럴 수도 있겠지만, 해당 직원에게 들었던 이야기와는 달리 팀리더는 평소에 그의 성과를 충분히 인정했고, 업무 과실이 생기는 시점에 적시에 그리고 엄격하게 피드백 했다는 것을 확인했다.

퇴직 면담에서 들은 이야기로 퇴사사유를 정리했다면, 리더는 많은 부분이 억울했을 것이다. 또한, 리더는 수년간 구성원을 지켜봐 왔을 때 코로나 시절 재택근무했던 패턴이 기본 출근 원칙이 적용되고 있는 현재에도 남아 있어서 업무 관리 면에서도 많은 어려움을 겪고 있었다. 지속적인 피드백에도 불구하고 개선되지 않았고, 조직 변경으로 인해 구성원의 불만도 가중되어 어쩌면 이별을 결심하게 되더라도 아쉽지 않을 피드백을 하기로 리더는 결심한 터였다.

결국 구성원 입장에서는 리더로부터 나쁜 피드백이 지속되자 개인적인 관점에서 본인에게 불합리하다고 생각되는 것들이 쌓여서 감정이 상한 채 퇴사를 선택하게 된 것이다. 함께 나눈 이야기를 바탕으로 퇴사사유를 정리했고, 향후 비슷한 사례가 발생할 때는 리더가 구성원의 성과와 부족한 점을 사실 기반으로 정확하게 전달하여, 구성원이 상황을 감정적으로 받아들이지 않도록 피드백하자는 결론에 도달했다.

또 다른 사례로 입사한지 이제 막 1년이 된 구성원이 퇴사 의사를 밝혀 퇴직 면담을 하게 되었다. 원래 새로운 직원이 입사하면 팀리더 주도 하에 조직이 그에게 기대하는 역할과 업무에 대해 싱크를 맞추는 기대 역할 미팅을 진행한다. 이 미팅을 통해 신규 직원은 입사 후 수행할 업무와 기대하는 수준에 대해 리더로부터 충분한 설명을 듣고, 혹여라도 입사 전 인터뷰 과정에서 알고 있던 내용과 다르다면 새롭게 싱크를 맞춘다. 또한 이 기대 역할 미팅에서 논의된 내용을 바탕으로 온보딩 기간 동안 어떤 업무에 집중하면 될지 지표로 삼게 된다.

그런데 퇴직을 결심한 구성원의 이야기를 들어보니 입사 후 리더와 기대 역할 미팅을 하지 않았고, 같은 팀에서 함께 업무를 진행할 사수는 퇴사를 앞두고 있어 인수인계조차 빠듯하게 1주일 정도만 받았다고 한다. 입사 시 본인이 수행할 업무에 대한 정확한 싱크가 맞지 않은 상황에서 인수인계도 제대로 받지 못하다 보니, 온보딩 당시 업무 적응에 상당한 어려움을 겪을 수밖에 없었다. 그 이후에도 입사할 때 수행하고 싶었던 업무와는 다른 업무가 부여되고, 업무 진행 성과에 대한 피드백을 받게 되자 더 이상 조직에 남아있지 못하겠다는 판단을 한 것이다. 당초 본인이 원했던 업무를 수행할 수 있는 다른 조직으로의 이동을 이미 결정짓고 퇴사 의사를 밝혔다. 입사해서 그래도 적응해 보고자 고군분투했을 구성원을 생각하니 마음이 좋지 않았다. 팀 인원이 많다 보니 팀리더도 일일이 팀원의 업무를 챙기는 상황도 못 되어, 결국 뚜렷한 업무와 성장 방향성 없이 1년의 시간을 적응하는 데 보낸 듯 했다.

이후 이 구성원의 퇴사의 의미를 회고하는 페어웰 커미티를 팀리더, 상위 리더, HR, CEO와 함께 진행했다. 안타깝게도 팀리더는 구성원 입사 시 기대 역할 미팅을 했는지 하지 않았는지 기억하지 못하고, 최근 업무성과가 좋지 못했던 점을 들어 퇴사 결과가 당연하다고 생각하고 있었다. 하지만 퇴직 면담을 통해 확인한 내용을 모두 함께 확인하여, 구성원이 업무 변경에 적응이 어려웠던 이유와 최근 부여받은 업무에 대해 왜 동기부여가 떨어졌는지 확인할 수 있었다. 입사 시점에서 기대 역할 미팅을 진행하고, 구성원이 입사를 결정하게 된 하고 싶었던 업무와 조직의 니즈에 대해 적절히 싱크를 맞추었다면 추후 변경되는 업무에 대해서도 보다 유연하게 적응할 수 있었을 것이다. 논의 내용을 기록한 문서의 하단에 추후 액션 아이템으로 '리더는 구성원 입사 시 기대 역할 미팅을 반드시 진행한다'라고 메모하고 페어웰 커미티를 마무리했다.

퇴사의 진짜 의미를 회고하다

페어웰 커미티는 오프라인으로 모두 모여 진행하기도 하고 때로는 문서로 서로 내용을 공유하고 소통하며 진행하기도 한다. 리더 각자가 최근 이슈 발생 시부터 구성원 퇴사 전까지 그와 나눈 이야기를 바탕으로 퇴직 사유를 회고하고 이를 통한 인사이트를 각자 작성한다. 그 내용은 실제 오프라인에서 혹은 문서로 확인하여 서로 다르게 생각하는 부분에 대해 조율하고, 추후 동일한 문제 발생을 방지하기 위한 액션 아이템이 문서 하단에 기록된다.

페어웰 커미티를 주관하는 HR담당자로서 액션 아이템이 잘 수행되고 있는지 모니터링하는 것이 표면적인 역할이지만, 문서에 남겨지지 않는 더 중요한 역할이 있다. 퇴직 면담을 통해 퇴사자의 이야기를 담담히 듣고 때로는 다독이고 앞으로의 계획을 응원하며 같이 고민하는 것. 이를 통해 어쩌면 회사에 대한 마음의 작은 불편함이라도 해소될 수 있도록 퇴사자를 감정적으로 케어하는 것이 아마도 가장 중요한 역할일 것이다. 누구도 알지 못하여 공식적으로 인정받지 못하더라도 HR담당자로서의 이 역할은 나의 직업적 소명이자 보람이기도 하다.

7장

조직 위기를 기회로 만드는 HR

스타트업은 경영상의 문제, 재무적 어려움, 시장의 변화 등으로 얼마든지 위기가 발생할 수도 있다. 하지만 정말 위기는 외부의 문제보다 내부에서 발생할 가능성이 크다.

조직문화 바로잡기

회사 설립 후 5년 만에 상장을 앞둔 A 스타트업은 눈부신 속도로 성장하였고 변화의 속도는 놀라웠다. 구성원 수는 지난 1년 동안 3배가 되었다. 하지만 이 성장이 가져온 긍정적인 면과 함께 문화적으로는 여러 도전에 직면하고 있었다.

회사가 성장하면서 새로운 구성원들이 합류하기 시작했고 여기서 문제가 발생했다. 그들은 새로운 아이디어와 다른 작업 방식을 가져왔다. 이것은 기존 팀원들과 새로운 구성원들 사이에 문화적 충돌을 일으켰다. 기존 구성원들은 회사의 초기 가치와 방식에 매우 애착을 가지고 있었고 새로운 구성원들은 변화와 혁신을 추구했다. 이로 인해 팀 내에서 의견 충돌이 자주 발생했고, 서로의 방식을 이해하고 수용하는 데 어려움을 겪었다. 특히 의사결정 과정에서 이러한 차이가 두드러졌다. 기존 팀원들은 빠른 의사결정과 실행을 선호했지만 새로운 구성원들은 더 체계적이고 분석적인 접근을 추구했다. 이러한 차이는 프로젝트 진행 방식에도 영향을 미쳤다. 기존 구성원들은 자유롭고 유연한 작업 방식을, 새로운 구성원들은 더 구조화된 접근을 원했다. 처음에는 그저 작은 문제들로 보였다. 의사결정이 느리게 이루어지고 업무 갈등이 발생하는 등의 일상적인 혼란이었다. 그러나 시간이 지나면서 이러한 문제들이 누적되기 시작했다.

지금까지의 이야기는 스타트업에서 일반적으로 겪을 수 있는 조직문화의 위기 사례이다. 스타트업의 성장하는 속도는 일관되지 않고 불확실하다. 합류하는 모든 사람은 저마다 팀의 역동성을 변화시키며, 회사 문화와 상호 영향력을 재구축하는 과정의 혼란을 초래한다. 스타트업은 생존, 성취, 투자에 대한 더 높은 수준의 불확실성을 가지고 있다. 단기적으로 직면할 수 있는 과제가 넘쳐나고 구성원의 안정감을 해칠 수 있는 높은 수준의 긴장감이 유지된다. 젊고 빠르게 성장하는 것은 회사만이 아니다. 리더십도 자체적인 탄생과 발전 과정을 통한 시행착오를 겪는다. 스타트업 문화는 항상 어느 정도의 안정성과 어느 정도의 역동성이 싸우고 있다. 과거의 미션, 비전, 핵심가치는 이제 맞지 않을 수 있다. 그때는 맞지만 지금은 틀린 이야기일 수 있다. 조직문화를 바로잡기 위해서는 어떻게 해야 할까.

리더십을 중심으로 가치 체계를 만들어야

첫째, 리더십 팀을 중심으로 가치를 재정립해야 한다. 물고기는 머리부터 썩는다. 리더의 행동은 무엇보다 중요하다. 성장함에 따라 스타트업을 훌륭하게 만드는 가치를 리더가 훼손하지 않도록 해야 한다. 구성원들에게 제안하고 싶은 일하는 방식과 가치를 리더가 구현하고 공개적으로 보여주어야 한다. HR의 많은 조언이 필요한 부분이면서 설득시키기 어려운 일들이 많을 것이다. 하지만 분명한 사실은 문화는 90% 리더십에서 결정된다. 리더의 의사결정과 행동이 스타트업으로서의 비전, 미션, 목적을 나타낸다. 규모가 커짐에 따라 기존 구성원과 새로운 구성원, 고객, 파트너에게 가치를 명확하고 일관되게 전달해야 한다.

둘째, 적합한 채용 기준을 설정해야 한다. 사람은 가장 중요한 자산이며 문화를 형성한다. 개인은 집단의 에너지를 강화시킬 수도 있고 손상시킬 수도 있다. 규모가 커짐에 따라 가치, 비전, 목표를 공유하고 문화에 긍정적으로 기여할 수 있는 사람들을 채용해야 한다. 스타트업에는 기본적으로 세상에 긍정적인 변화를 만드는, 할 수 있다는 태도와 열정이 필요하다. 필요에 따라 현재 회사 문화를 보완하거나 경계를 넓힐 수 있는 사람들도 찾아야 한다. 컬처 핏 Culture fit과 컬처 에드 Culture add 관점이 조화를 이루어야 한다. 채용이 끝이 아니다. 회사의 기대, 규범 및 의식을 이해할 수 있도록 적절하게 온보딩 해야 한다. 행동 인터뷰, 성격 검사, 실무 테스트 등 다양한 도구와 방법을 사용하여 컬처 핏을 평가할 수 있다.

셋째, 민첩성과 유연성을 지켜내야 한다. 스타트업의 가장 큰 문화적 이점은 신속하게 실험하고 반복하고 전환할 수 있는 민첩성과 유연성이다. 규모를 확장함에 따라 너무 위계적이거나 관료적이거나 위험을 회피하는 변화가 생길 수도 있다. 어쩌면 지나친 '규칙 없음'이 속도를 느리게 할 수 있다. 팀이 결정을 내리고 문제를 해결하고 자율적으로 혁신할 수 있도록 권한을 부여하는 동시에 필요한 리소스, 피드백 및 지원을 제공하는 체계가 필요하다.

원티드랩에는 원티드웨이라는 공통의 일하는 방식이 있다. 직원이 늘어남에 따라 일하는 방식의 항목이 많아지고 수정이 많아지면서 원티드웨이를 체득하기 어렵다는 구성원의 피드백이 있었다. 이에 다시 한번 정말 일을 잘하기 위한 최상위의 심플한 가치만을 남기기로 하고, 오랜 시간 논의 끝에 성장형 마인드셋 Growth mindset을 최우선의 가치로 선정했다.

성장형 마인드셋은 '사람의 재능은 키워 나가는 것'이라고 믿는 사람들의 가치관이다. 이들은 실패를 '새로운 학습의 기회이자 배움의 시간'이라고 정의한다. 반대로 고정형 마인드셋Fixed mindset은 '재능은 타고 난다'고 생각하기 때문에 실패했을 때 자신의 무능력이 드러난다고 여기며 실패를 남들에게 보여주지 않으려고 한다. 연구에 따르면 성장형 마인드셋을 지닌 구성원들은 혁신적인 프로젝트에 도전하는 성향이 강하고, 성장형 마인드셋을 장려하는 조직문화는 구성원들의 도전을 지지한다고 한다. 스케일업은 스타트업의 정체성을 잃는 것이 아니라 새로운 수준에 도달할 때까지 정체성을 육성하고 발전시킬 때 가능하다. 스케일업 동안 스타트업 문화를 어떻게 보존했는지에 대한 경험과 전략을 공유하며 배워나가는 시간이 필요하다.

넷째, 문화가 옅어질 때는 더 자주 커뮤니케이션해야 한다. 내부 및 외부의 이해관계자들에게 비전, 목표 및 진행 상황을 정기적으로 투명하게 전달해야 한다. 또한 그들의 피드백, 제안, 우려 사항을 듣고 그에 따라 조치를 취해야 한다. 뉴스레터, 미팅, 설문조사 등 다양한 채널과 형식을 사용하여 효과적으로 소통할 수 있다. 이러한 투명성은 지속적인 성공에 중요한 신뢰를 만들 수 있다. 원티드랩에서는 반기에 한 번 직원에게 eNPS를 조사한다. 보통 회사에서는 조직 진단을 할 때 문항이 굉장히 많아 구성원이 피로도를 느끼는 경우가 있다. 구성원 니즈를 알기 위해 '원티드랩을 지인이나 가족에게 추천하겠는지' 여부만 진단한다. 만약 추천하지 않는다면 어떤 이유인지를 묻는다. 이 밖에도 리더십 진단 등을 통해 우리 팀의 리더 모습을 응답하게 하고 개선 포인트를 발굴한다. 또한 이러한 결과를 투명하게 공유하고 구성원과 함께 해결책을 찾는다.

다섯째, 작은 성공을 축하하며 긍정성을 키워나가야 한다. 스타트업 성장에 따른 스트레스와 암초를 겪는 과정에서 성공을 축하해야 한다. 크고 작은 팀의 성과를 인정하고 보상해야 하며 그들의 노고와 헌신에 감사를 표해야 한다. 또한 신제품 출시, 대규모 고객 확보, 자금 조달 등의 중요한 순간을 축하해야 한다. 승리를 축하하면 사기, 동기 부여, 로열티가 높아지고 협업에도 도움이 될 수 있다. 하버드 대학교 테리사 아마빌레 교수의 연구에 따르면[18] 작은 성공과 큰 성공의 열쇠는 본인뿐만 아니라 동료의 성공을 돕는 것이라고 한다.

변하지 않는 것은 모든 것이 변한다는 것

회사가 10명에서 50명, 1000명으로 성장함에 따라 문화는 달라진다. 직원 수가 증가하면서 더 이상 구조가 완전히 평평할 수도 없다. 변하지 않는 것은 모든 것이 변한다는 사실뿐이다. 한편으로는 문화에는 유지되어야 하는 일관된 원칙도 존재한다. 스타트업의 문화는 모든 경험과 상호작용을 통해 형성되는 살아 있는 존재이다. 이러한 진화를 수용하는 것은 지속적인 성장과 성공을 위해 필요하다. 피드백을 수용하고 새로운 아이디어에 열린 마음을 갖고 새로운 도전에 적응하는 것이 중요하다. 핵심가치를 고수하는 것도 중요하지만 조정이 필요한 시기를 인식하는 것도 똑같이 중요하다.

---

18 Amabile, T. M., & Kramer, S. J. (2011). The power of small wins. Harvard business review, 89(5), 70-80.

전통과 변화 사이의 균형을 맞추는 것이 번영하고 역동적인 문화의 열쇠다. 조직문화는 지속적으로 발전하고 변화하는 것이며 이러한 도전을 통해 더 강하고 통합된 팀을 만들 수 있다.

스타트업의 위기 신호

아무리 성공적인 시작을 한 스타트업도 언제든지 위기를 만날 수 있다. 위기에 빠진 스타트업에서 나타나는 신호는 다양하다. 이러한 신호는 종종 경영상의 문제, 재무적 어려움, 시장의 변화로 인해 발생할 수 있다.

- 현금 흐름: 자금이 부족하거나 현금 흐름이 불안정
- 매출 감소: 지속적인 매출 감소 또는 성장 둔화
- 고객 이탈: 고객이 떠나거나 만족도가 떨어지는 경우
- 투자자의 관심 감소: 투자자들이 관심을 잃거나 추가 투자를 꺼리는 경우
- 직원 이직률 증가: 핵심 인재의 이탈 또는 직원들의 높은 이직률
- 방향성 충돌: 경영진 사이의 의견 충돌이나 의사결정 불일치

하지만 외부의 문제만으로 조직이 망가지지는 않는다. 정말 위기는 외부의 문제에 대해 구성원들이 무관심, 비협조, 냉소주의와 같은 모습을 보일 때이다. HR 입장에서 가장 크게 느끼는 문제는 역시 이직률이다. 스타트업은 성장을 전제로 한다. 사람이 빠져나가기 시작하면 조직은 성장할 수 없다. 사실 구성원의 이직이 늘어나기 시작했다면 문제가 이미 꽤 진행된 것이다. 그러면 문제의 시작점은 무엇일까?

방향성이 흔들린다

많은 사람들이 스타트업에 합류하는 이유는 현재보다는 미래에 가깝다. 그렇기 때문에 스타트업의 비전은 무엇보다 중요하다. 비전은 말 그대로 기업이 나아가려는 방향이다. 매 순간 '우리가 뭘 향해 달리는가'를 되새길 수 있게 하는 이정표가 된다. 경력과 경험이 천차만별인 스타트업 구성원들의 생각을 하나로 묶고 앞으로 나아가게 한다. 그런데 이게 흐려지면 동력을 잃게 된다. 비전에 의문이 생기면 구성원들은 회사의 미래가 불투명하다는 생각을 하게 된다.

성장기에 오히려 비전이 흔들릴 수 있다. 스타트업이 어느 정도 성공 궤도에 오르게 되면 새로운 시장이나 제품으로 사업분야를 확장한다. 이때 많은 구성원들은 회사의 사업 방향에 반신반의하고 방향성을 부정적으로 보기도 한다. 과연 우리가 이걸 하는 게 맞는지, 잘 해낼 수 있는지 회의적인 대화를 주고받기 시작한다. 수익을 내지 못하는데 새로운 사업이라는 이유로 투자금이 많이 들어가는 조직이 생기게 되면 구성원 간 위화감이 생길 수도 있다. 소위 말해서 일하는 사람은 따로 있는데 다른 사람들이 혜택을 보고 있다는 시선이 생긴다. 만약 새로운 시도가 몇 번의 실패를 겪게 되면 그러한 분위기는 더 널리 퍼지게 된다. 많은 구성원들이 회사가 이대로는 성공하기 어렵고 극단적인 구조조정까지는 아니지만 체질 개선이 필요하지 않을까라고 생각하기 시작한다.

비전이 흔들리기 시작하면 구성원은 동요한다. 구성원들의 회사에 대한 의문이 커져 갈수록 문제는 더 심각해진다. 타운홀 미팅과 같은 공식적인 커뮤니케이션 채널에서 아무도 회사의 현실과 방향성에 대해 이야기하지 않는다면 구성원은 커뮤니케이션이 안

된다는 호소를 하기 시작한다. 또 설명이 있다고 하더라도 투자금을 전혀 예상하지 못한 곳에 쓴다거나 기존 사업과 전혀 연관성이 없는 분야에 뛰어든다는 얘기는 납득하기 어려울 수밖에 없다. 이때 창업자나 경영진에 대한 불신이 쌓일 수 있다. 문제는 경영진 역시 확신이 없는 상황이다. 경영진이 방향성을 잃으면 사내에 작고 큰 변화가 반복된다. 사업전략을 변경하고 조직을 개편한다. 신규 사업 때문에 인력을 대거 뽑았다가 연말에 다시 내보내는 일이 있을 수도 있다. 의사결정을 뒤로 미루고, 중요한 걸 물어볼 때마다 전에 없이 감정적으로 대응하기도 한다.

구성원의 냉소주의

조직 냉소주의Organizational Cynicism란 '해당 조직의 구성원들이 경영진, 정책, 제도, 변화 및 혁신 활동 등 조직 전반에 걸쳐 이유 없는 무관심이나 적대감, 극단적인 불신을 나타내는 것'이다. 이러한 냉소적 반응은 감정적 동요, 부정적 태도 및 행동 세 가지 측면에서 나타난다. 첫 번째는 조직 구성원들이 무력감, 거리감, 소외감, 분노, 적대감 등 감정적으로 동요하는 것이다. 예컨대 '내가 아무리 옳은 소리를 하면 뭘 해… 아무 소용 없는데' 혹은 '나한테까지 그런 정보를 알려주겠냐'라고 느끼는 것이다. 이는 분명 회사의 주요 경영 정보 공유에 있어서 구성원들이 소외감을 갖거나, 구성원 스스로가 자신의 의견이 무용지물이라는 무력감을 느끼기 때문일 것이다.

두 번째는 조직 구성원들이 회사에 대해 항상 부정적인 태도를 견지하는 것이다. 회사의 경영진, 각종 정책 변화, 혁신 활동 그리고 기업 문화에 대해 불신을 품는 모습을 말한다. 예컨대 경영진에 대해서는 '뭘 바라겠어', 회사가 새롭게 제시하거나 도입한 각종 정책, 제도, 혁신 프로그램에 대해서는 '일 년만 지나봐… 또 딴 소리 하겠지' 등의 반응을 보이는 것이다.

세 번째는 냉소적 감정과 태도가 부정적 행동으로 표출되는 것이다. 예컨대 '너나 해라, 나는 내 할 일만 하겠다', '월급만큼 일하는 거지 뭐', '절이 싫으면 중이 절을 떠나야지' 등 비협조 내지는 이직 등 조직에 바람직하지 못한 행동으로 나타나는 것이다. 위에서 살펴본 것과 같은 냉소적 반응들은 그대로 방치될 경우 다른 구성원들에게 전염병처럼 확산되는 경향이 있다. 따라서 조직 냉소주의는 구성원들의 열정과 의지를 손상시켜 조직의 혁신 활동과 변화를 가로막는 내부의 적이 된다. 조직 전체의 분위기를 해칠 뿐 아니라 바람직하지 못한 조직 문화를 형성하는 근본 원인이 된다.

HR의 딜레마, CEO 리스크

과거의 해결책은 지금의 문제가 된다. 대부분의 원인은 '과거의 성공'에서 비롯된 경우가 많다. 조직이 성장할 때는 문제가 발생하더라도 크게 주목받지 않는다. 모두 현재가 아닌, 미래를 쳐다보기 때문이다. 하지만 성장이 정체되거나 상황이 좋지 않을 때, 뒤늦게 주위를 둘러보게 되고 모른척했던 문제들이 드러난다. 그때라도 멈출 수 있다면 다행이지만, 많은 경우 지금까지의 성공으로부터 '자만심'이 생기고 그로 인해 원칙 없이 더 많은 욕심을 내게 된다. 직언하는 구성원이 아닌, 아첨하는 구성원에게 더 많은 기회가 간다. 매출이나 수익이 아직까지 괜찮더라도 조직 위기가 시작될 때가 있다. 일반 기업보다 젊고 열정적이고 빠른 성장을 추구하는 스타트업에서 CEO 리스크는 더욱더 흔하게 마주하게 된다.

테라노스의 CEO, 극소량의 피로 수백 가지 질병을 알아낼 수 있다는 엘리자베스 홈즈의 아이디어는 세상을 열광시켰고, 투자사들은 앞다투어 몰려들었다. 얼마 지나지 않아 기업가치는 10조에 이르렀다. 그녀는 스티브 잡스를 연상시키는 쇼맨십으로 촉망받는 CEO가 되었다. 하지만 모든 것은 거짓으로 밝혀졌다. 실리콘밸리에서 벌어진, 이 거짓말 같은 이야기는 이후 책 『배드 블러드』[19]나 드라마 「드롭아웃Dropout」으로 각색돼 널리 알려졌다. 물론 엘리자베스 홈즈에게도 배울 점은 있다. 훌륭한 스토리텔링 능력으로 놀라운 기업 가치를 인정받은 것이나 좋은 인재들을 채용한 것이다. 하지만 조직 운영 시 결코 하지 말아야 할 실수를 저질렀다. 빠른 성장을 추구하는 스타트업에서 반면 교사로 삼을 만하다.

첫째, 홈즈는 부서 간 정보 교류를 극단적으로 차단했다. 각 팀의 업무는 오로지 CEO, COO에게만 보고되고 서로 교류하지 않도록 한 것이다. 기술 개발과 제품 개발은 동떨어져서 각자 세부 유수를 만들기에 바빴고, 진시직인 상황이나 제품 개발 진척도는 거의 공유 받지 못했다. 이런 조직이 성공할 수 있을까? 스타트업이 성장하는 과정에서 HR담당자는 "팀 간 소통과 얼라인을 어떻게 해야 할지" 그리고 "전사적인 방향성을 어떻게 공유할지"란 질문은 결코 놓치지 않아야 한다. 간혹 팀 간의 소통을 최소화하고 CEO가 모든 의사결정을 하려는 경우가 있는데 그럴 때 벌어질 수 있는 위험성을 미리 알리고, 조직 및 커뮤니케이션 구조를 다시 설

---

[19] 존 캐리루, 『배드 블러드』, 박아린 옮김, 와이즈베리, 2019

정하고 문서 공유에 대한 그라운드 룰을 설정해서 해결하려는 접근이 필요하다.

둘째, 리더 선임에 문제가 있었다. 홈즈는 COO로 자신의 남자 친구인 서니 발와니를 임명했는데, 그는 과거 성공적인 엑싯Exit을 경험한 경력이 있었지만 테라노스 운영에서는 미숙함을 드러냈다. 폐쇄적인 조직 운영과 구성원을 무시하는 언행으로 인해 리더로서 존중받지도 성과를 내지도 못했다. 그럼에도 불구하고 엘리자베스 홈즈는 그의 만행을 내버려 두거나 동조했고, 모든 문제가 폭로된 이후에야 물러나서 피의자 신세가 되었다. 조직문화는 결코 구호로 전달되는 것이 아니라 어떤 리더가 선임되고 인정받는지를 통해 알 수 있다. 역량과 성숙도 모두 낮은 리더가 CEO와 가깝다는 이유로 그 자리를 차지한다면, 머지않아 그 조직은 침몰할 수밖에 없다. HR담당자는 각 리더십이 적절하게 선임되었는지 냉철하게 판단하기 위해서 다양한 관점에서 '동료 피드백'을 수렴해야 하고, 결과를 정리하여 솔직하게 조언해야 한다.

셋째, 홈즈의 전문성 부족과 거짓말은 치명적인 결과를 낳았다. 홈즈는 혈액 진단 검사나 의학에 대한 전문성을 갖고 있지 않았다. 물론 CEO가 모든 분야에서 뛰어날 필요는 없으며 CTO를 비롯한 엔지니어의 도움을 받으면 된다. 하지만 홈즈는 조직 기반을 천천히 다지지 않고 거짓말을 통해 높은 기업 가치를 인정받기에 급급했다. 빠르게 성장하는 스타트업에서 어느 정도의 과장이나 허풍은 있을 수 있지만, 이상과 현실의 차이를 좁히고자 하는 진정성은 반드시 필요하다. 스타트업 HR담당자에게도 비슷한 딜레마가 존재한다. 외부 후보자들에게 조직의 있는 그대로의 모습을 보여줄 수도 없고 그렇다고 너무 희망적인 이야기만 해서도 안 되기 때문이다. 희망과 현실의 균형을 찾고자 하는 치열한 노력은 반드시 필요하다. 그래서 어쩌면 스타트업 HR담당자에게 가장 필요한 역량은 CEO에게 진실을 이야기할 수 있는 용기와 배짱일지도 모르겠다.

짐 콜린스의 책 『좋은 기업을 넘어 위대한 기업으로』[20]에는 '스톡데일 패러독스'라는 단어가 등장한다. 언제 나오게 될지 모르는 감옥에 갇혔을 때, 가장 견디지 못한 사람들은 낙관주의자들이었다. 결국에는 성공할 거라 믿어 의심치 않지만, 눈앞의 현실과 냉혹한 사실을 직시하는 사람들은 끝내 살아남았다. 무조건적인 낙관주의자가 되어선 안 된다. 불필요한 사업 및 부서의 구조조정이 불가피한 상황이라면 최악의 시나리오를 기반으로, 단호하게 의사결정할 수 있도록 도와야 한다. 투명하고 용기 있는 소통 그리고 책임감 있는 자세로 위기를 직면한다면 조직은 다시 한번 반전의 기회를 마련할 수 있을 것이다.

짐 콜린스 "실제로 그곳에 있었고 이야기의 끝을 알지 못하던 당신은 어떻게 그 상황을 견뎌 내셨습니까?"

스톡데일 "나는 이야기의 끝에 대한 믿음을 잃은 적이 없었어요. 나는 거기서 풀려날 거라는 희망을 추호도 의심한 적이 없거니와, 한 걸음 더 나아가 결국에는 성공하여 그 경험을, 돌이켜 보아도 바꾸지 않을 내 생애의 전기로 전환시키고 말겠노라고 굳게 다짐하곤 했습니다."

[20] 짐 콜린스, 『좋은 기업을 넘어 위대한 기업으로』 이무열 옮김, 김영사, 2021

짐 콜린스 "견뎌 내지 못한 사람들은 누구였습니까?"

스톡데일 "낙관주의자들입니다! 낙관주의자들이란 '크리스마스 때까지 나갈 거야'라고 말하던 사람들입니다. 그러다가 크리스마스가 지나면 '부활절이면 나갈 거야'라고 말하죠. 그다음은 추수감사절, 그리고 다시 다음 크리스마스를 고대합니다. 그러다가 결국 상심해서 죽지요."

스톡데일 "이건 매우 중요한 교훈입니다. 결국에는 성공할 거라는 믿음, 결단코 실패할 리는 없다는 믿음과 그게 무엇이든 눈앞에 닥친 현실 속의 가장 냉혹한 사실들을 직시하는 규율은 결코 서로 모순되는 것이 아닙니다."

위기 때 더 중요한 HR

스타트업 붐이 한창이었을 때, 새로 입사한 동료가 이런 말을 했다.

"우리 회사 분위기는 엄청나게 자유로운 것 같아요. 회사에 탁구장이 하나 있는데 사람들이 업무 중에도 치러 오고, 거의 24시간 운영이 되는 것 같아요. 예전에는 업무 시간에 그렇게 자유롭게 돌아다닌다는 건 생각도 못 했는데 말이죠. 지금처럼 자유로운 문화에서 좋은 성과가 나오는 게 아닌가 싶더라고요."

하지만 경기가 안 좋아지면서 자연스럽게 업무 시간에 탁구를 치지 않게 되었다. 성장할 때는 탁구도 칠 수 있고 자유로운 문화가 성과를 설명하는 근거가 된다. 하지만 성장이 정체되는 순간 모든 판단들이 달라진다.

<스타트업 트렌드 리포트 2023>[21]에 따르면, 창업자의 10명 중 6명은 작년 대비 투자 유치가 어렵다고 체감했고, 혹한기를 넘기기 위해 매출 다각화, 흑자 사업 집중, 비용 절감 등을 고려하고 있다. 스타트업 재직자 또한 2022년에 비해 만족도가 7.2% 낮아졌으며, 절반 이상인 53.6%가 작년 대비 시장이 위축되었다고 답했다. 다른 회사의 스타트업 HR담당자들을 만나보면 대부분의 조직이 힘

---

[21] 스타트업 얼라이언스&오픈서베이, <스타트업 트렌드 리포트 2023>, 2023

든 시기를 지나고 있는 것 같다. 경기가 침체되고 투자가 위축되면서, 많은 스타트업이 구조조정을 진행하거나 고려 중이다. 만약 우리 조직이 경기 불황에 따른 위기를 맞이했다면, HR담당자는 어떻게 대처해야 할까?

투명한 의사소통

위기 상황에서 HR의 주요 역할은 명확하고 투명하게 의사소통하는 것이다. 경영진이 구성원에게 정보를 전달하는 것뿐만 아니라 구성원의 우려 사항과 피드백을 듣는 것도 포함된다. HR은 회사의 전략을 직원들이 실행 가능한 단계로 전환하는 다리 역할을 한다. 이러한 커뮤니케이션 프로세스는 직원들 사이에 신뢰와 확신의 분위기를 조성하여 위기 상황에서 자신의 역할과 책임을 명확하게 이해할 수 있게 한다. 또한 HR은 직원들이 우려 사항을 표명할 수 있는 채널 역할을 하여 의사결정 과정에서 직원의 관점이 고려되도록 한다.

특히 리더들과는 현재 상황과 HR 전략을 긴밀하게 공유해야 한다. 구성원들의 직접적인 케어를 진행하는 것은 결국 현업 리더이다. 따라서 현업 리더와 우선적으로 현 상황에 대한 싱크^{Sync}를 맞추고 그들의 공감대를 이끌어낼 필요가 있다. HR 부서에서 수립한 전략에 대한 우려 사항, HR 전략을 구성원에게 전달하는 적절한 방법 등을 현업 리더들과 함께 협의해 결정해야 한다. 이후에는 공식적인 커뮤니케이션이 필요하다. 모든 구성원이 참석한 타운홀 미팅을 통해 HR 전략을 공유해 구성원들이 미리 전략을 인지할 수 있도록 한다. 이때 투명한 소통이 중요하다. 구체적인 자금 현황을 공유할 필요는 없지만 예상되는 남은 런웨이 기간, 스타트업 투자 유치를 위해 우리가 향후 해야 하는 일에 대해서는 공유를 통해 전체 그림을 구성원이 이해할 수 있도록 해야 한다. 만약 배경에 대한 설명 없이 변경 내용만 공유한다면 구성원 공감대 형성이 어려우며, 배경에 대한 다양한 추측이 난무하여 도리어 불만을 키우는 계기로 작용할 수 있다.

조직 구조의 유연화

스타트업은 유연한 구조가 중요하다. HR은 변화 상황에 대응하여 조직이 신속하게 전환할 수 있도록 도와야 한다. 여기에는 조직 개편, 새로운 제도 수립 등이 포함될 수 있다. 위기 상황 속에서 HR팀은 구성원들의 역량을 세부적으로 파악하고 그들이 더 좋은 성과를 발휘할 수 있도록 재배치할 필요가 있다. 효율화 측면에서 비슷한 업무를 진행 중인 부서, 혹은 함께 일했을 때 시너지가 나는 부서를 통합할 수 있다. 이러한 조직 개편은 구성원으로 하여금 기존 대비 더 넓은 범위의 업무를 진행하노록 하거나 혹은 업무 수행을 위해 더 높은 역량을 요구하기도 한다. 따라서 HR은 조직 내에서 지속적인 개선과 학습 문화를 조성해야 한다. 여기에는 교육 프로그램과 같은 직접적인 지원과 직원들 사이에서 성장 사고방식을 장려하는 문화적 접근이 모두 포함된다.

잘못된 조직 개편은 위기를 더욱 악화시킬 수 있다. 조직 개편은 목표가 명확해야 한다. 개편의 목적이 비용 절감인지, 효율성 증대인지 또는 새로운 비즈니스 전략에 맞춘 구조조정인지 명확히 해야 한다. 목표가 불분명하면 개편 과정이 혼란스러워지고 직원들의 불안감을 증폭시킬 수 있다. 조직 개편에 대한 계획과 이유를 직원들에게 투명하게 소통해야 한다. 변화의 이유와 그로 인해 직원들에게 미칠 영향을 분명히 설명하는 것이 중요하다. 소통의 부재는 헛소문과 불신을 낳기 마련이다. 직원들의 의견을 듣고 그들을 개편 과정에 참여시켜야 한다. 직원의 의견이 반영되면 개편에 대한 저항을 줄이고 참여도와 만족도를 높일 수 있다. 조직 개편 과정에서 예상치 못한 상황이 발생할 수 있으므로 유연성을 유지하는 것이 중요하다. 계획을 일정 부분 조정할 수 있는 여지를 두고 필요에 따라 전략을 수정할 수 있어야 한다.

구조조정이 진행될 수도 있다. 경영상의 이유로 인한 해고를 위해서는 그 합리성이 충분히 인정되어야 한다. 회피를 위한 최대한의 노력채용 중지, 희망퇴직 모집 등을 하고, 최대한 공정한 기준에 근거해서 대상자를 선정할 필요가 있다. 스타트업 CEO인 지인은 80명 규모에서 30명이 남을 때까지 구조조정을 진행한 적이 있는데, 곁에서 그간의 이야기만 들어도 스트레스가 전해지는 듯했다. 그럼에도 CEO의 솔직하고 용기 있는 소통만이 유일한 정답이다. 결국 남은 구성원들이 한 방향을 바라보도록 해야 한다. 벤 호로위츠 역시 책 『하드씽』[22]에서 일단 구조조정이 불가피하다면 지체하지 말고 집행해야 한다고 강조한다.

"비즈니스에서 '난제'란 크고 대담한 목표를 세우는 게 아니다. 바로 그런 목표가 실패로 돌아갔을 때 직원들을 해고하는 일이다. 훌륭한

---

[22] 벤 호로위츠, 『하드씽』, 안진환 옮김, 한국경제신문, 2021

인재를 영입하는 게 아니라, 그들이 권리의식을 키우며 지나친 요구를 늘어놓는 것에 대처하는 일이다. 회사의 조직도를 마련하는 일이 아니라, 그렇게 구성해놓은 조직 내에서 사람들이 서로 의사소통하게 만드는 일이다. 원대한 꿈을 갖는 게 아니라, 그 꿈이 악몽으로 변했을 때 식은땀을 흘리며 깨어나 해답을 찾는 일이다." —『하드씽』

전략적 채용

위기 상황에서는 회사의 새로운 방향에 맞춰 인력을 조정해야 한다. 우선은 외부에서 새로운 인력을 채용하는 것이 아니라 내부 인력을 최대한 활용함으로써 효율성을 높여야 한다. 불황기에 기업은 섣불리 채용하기가 매우 어렵다. 채용 후보자 역시 이직보다는 회사 내에서의 안정을 추구하기 때문이다. 새로운 고객 확보 등 재도약을 위해 도리어 인력이 추가적으로 필요한 경우도 있다. 계약직, 인턴, 비정규직 혹은 아웃소싱을 통해 해결하는 것도 방법이다. 특히 단순 운영성 업무는 외주화를 적극 검토할 필요가 있다. 채용 프로세스에는 비용 효율성과 필수 기능 유지 간의 섬세한 균형이 필요하다. 무조건 채용을 동결하는 것만이 답은 아니다. 격동의 시기는 풍부한 경험과 전문성을 제공하는 인재를 얻을 수 있는 기회가 되기도 한다. 전략적 선택이 필요하다.

팀 빌딩

위기 상황에서는 팀원들의 사기가 저하되고 서로 간의 갈등과 불신이 생겨날 수도 있기 때문에 팀워크는 더욱 중요해진다. HR은 팀 빌딩 활동이나 워크숍을 통해 구성원들이 서로 더 가까워지고 함께 문제를 해결할 수 있는 힘을 길러줄 수 있다. 흔히 위기 시에는 회식비나 사내 클럽활동비 등의 커뮤니티 활동에 대한 예산을 줄이기 마련이다. 하지만 위기를 극복하는 동력은 결국 구성원 간 협력에서 나온다. 아주 긴급한 순간이 아니라면 회식비, 워크숍 비용 등은 유지하는 것을 추천한다. 서로의 취미나 관심사에 대해 이야기하거나 전문가 초청 워크숍, 팀 빌딩 게임 등은 긍정적인 조직 분위기 조성에 도움이 될 수 있다. 전사적 목표 달성을 위한 특별한 보상 시스템도 도움이 될 수 있다. 위기 극복의 목표를 달성하면 모두가 함께하는 특별한 이벤트나 여행을 계획하는 것이다. 이는 팀원들이 공동의 목표를 향해 노력하고 함께 성공을 축하할 수 있는 동기 부여가 될 수 있다. 이러한 구체적인 액션은 위기 상황에서도 서로를 믿고 힘을 모을 수 있게 한다. 팀워크가 강화되면 서로 간의 불신은 사라지고 협력과 창의성이 증가한다. 강력한 팀워크 덕분에 위기를 극복했다는 경험은 스타트업 성장에 무엇과도 바꿀 수 없는 자산이므로 더 강한 팀으로 거듭날 수 있는 기회가 된다.

리더십의 회복

스타트업의 CEO나 창업자는 회사의 성공과 실패에 직접적인 책임을 지며 이로 인해 많은 스트레스를 경험한다. HR은 여러 방법으로 CEO나 창업자를 지원하여 위기를 극복하는 데 기여할 수 있다. HR은 CEO를 위한 리더십 코칭이나 멘토링 기회를 마련할 수도 있다. 조직 전략과 인력 관리 측면에서 CEO나 창업자에게 조언과 지원을 제공할 수 있다. 이는 위기 상황에서의 인력 조정, 리더십 팀 구성, 직원 리텐션 전략 등을 포함한다. 이러한 전략적 지원은 리더가 의사결정을 내리는 데 필요한 정보와 자원을 제공한다. HR은 CEO나 창업자가 스트레스를 관리하고 위기 상황에서 효과적으로 대응할 수 있도록 지원할 수 있다. 이러한 지원은 리더가 위기를 극복하고 조직을 안정적으로 이끌 수 있는 기반을 마련하는 데 중요한 역할을 한다. 올바른 목표를 설정하고 빠른 의사소통을 하며 명확한 커뮤니케이션을 하는 것 모두 리더의 건강함에서 출발할 수 있다. 리더는 행동으로서 본보기를 보인다. 위기 상황에서 리더의 태도와 행동은 구성원에게 큰 영향을 미친다. 특히 어려운 시기에는 긍정적인 에너지가 넘치도록 자신과 팀을 잘 보살피는 것이 중요하다.

스타트업 세계에서 위기는 반복된다. HR의 역할은 이러한 위기 속에서 더욱 중요해진다. 경영진의 커뮤니케이션을 돕고 직원들의 동요를 해소하고, 조직의 안정성을 유지하며 무엇보다도 모든 이들이 함께 위기를 극복할 수 있도록 돕는 것이 HR의 가장 중요한 임무이다. 지금 이런 문제가 있더라도 아직 포기하기는 이르다. 작은 조직의 가장 큰 강점은 빠르게 변할 수 있다는 것 아닐까? 스타트업의 여정은 끝없는 롤러코스터와 같기 때문에 위기를 마주하는 것은 회사의 성장 경로에 예정된 미래일 수 있다. 지금이라도 조직원들의 목소리에 귀 기울이고 문제를 바로잡고 진심을 전하기 위해 노력한다면 바뀔 수 있다.

에필로그

기획자의 이야기

HR 매거진에서 일했던 과거 때문인지 주변에는 기자나 콘텐츠 기획자보다 오히려 HR담당자들이 많다. 필진과 취재원으로 만난 인연이 계속 이어져온 것이다. 신입 때 만난 이들이 조직의 리더가 되고, 조직장이었던 이들이 임원이 되어갈 만큼 한 시대를 같이 하고 있다. 그러는 사이 나는 매거진이 아니라 IT플랫폼(원티드랩)으로 자리를 옮겨왔다.

15년 가까이 매거진 기자와 편집장으로 일하던 사람이 IT플랫폼으로 옮긴다고 했을 때 주변에서는 의아하다는 반응이 대부분이었다.

당시 내가 선뜻 자리를 옮길 수 있었던 건 주변의 분위기도 한몫 했던 것 같다.

"○○○ 과장님 이직하셨대요."
"어디로요?"
"이름은 잘 모르겠는데, 무슨 스타트업이라던데요?"

당시 기시감이 들 정도로 반복해서 나눴던 대화다. 적어도 겉에서 보기엔 멀쩡한 회사를 다니던 HR담당자들이 하나둘 이름도 모를 스타트업으로 옮겨간다는 소식이 들려왔다. 물론 몇몇은 스타트업이라고 하기엔 이미 규모나 매출, 그 유명세가 대기업 못지않은 곳이었지만 대부분은 생소한 곳이었다. 좋은 회사를 두고 왜 거기로 가나 싶었지만 그렇게 가는 사람이 한둘이 아니라 수십이 족히 넘어갔다. 마치 누가 깃발을 꽂고 '헤쳐 모여' 하고 있는 것 아닌가 싶을 정도였다. 이러한 움직임을 보면서 나 역시 스타트업에 눈길이 갔고, 그들이 일하는 방식과 문화 그리고 그 안의 사람들에게 관심이 커졌다.

2024년, 나는 여전히 원티드랩에서 일하고 있다. 그럼 그 많던 스타트업 HR담당자들은 어디에 있을까. 그들 역시 스타트업에 있다. 처음 스타트업으로 넘어올 때보다 나이를 더 먹고, 그 나이만큼 좌절하고 다시 일어서기를 반복하면서 각자의 자리를 지키고 있다. 전통 기업에서는 시행하기 어려운 제도를 과감하게 도입하고, 스타트업이기에 가능한 조직문화를 만들고, 경영진 가까이에서 파트너 역할을 하면서 말이다. 누군가의 눈에는 무모해 보였던 그 도전의 이유를 묵묵히 증명해내고 있다.

그들의 이야기를 담고 싶었다. 스타트업 현장의 '찐' HR 이야기. 이왕이면, HR 좀 해본 사람들이 풀어주는 이야기였으면 했다. 책에서 배웠거나 누군가에게 들은 이야기가 아니라 내 손으로 만들어보고, 내가 직접 실패하거나 성공했던 그 이야기 말이다. 결국 '내가 좀 해보니까'라고 당당히 말할 수 있는 사람들이 필요했다.

원티드의 HR커뮤니티인 'HR리더스' 멤버들을 대상으로 작가를 모집했다. 많은 이들이 관심을 주었고, 세 명의 작가가 확정됐다. 정욱 님, 민교 님, 명훈 님이 그들이다. 개인적인 친분이 깊지 않았던 세 사람을 묶어 준 건, 스타트업에서 HR 팀장으로 일하고 있다는 사실 하나였다.

- ✓ 일을 하다가 어려움이 생길 때 선배나 동료 HR에게 물어보듯 읽고 답을 찾을 수 있는 책이 되었으면 좋겠다.
- ✓ 이건 꼭 알아야 한다는 것을 알려주는 책보다는 스타트업 HR이라면 꼭 가져야 할 마음가짐이 전달되었으면 좋겠다.
- ✓ 스타트업 HR은 HR담당자만이 하는 게 아니다. 경영진 심지어 팀 리더들도 함께 한다. 그들이 읽기에도 좋은 책이면 좋겠다.

이러한 바람을 담아서 책의 목차를 구성했다. '우리 이렇게 잘해요'가 아니라, '우리 이렇게 일했고, 아직 이렇게 일하고 있고, 앞으로도 이렇게 할 것'이라는 극사실주의 이야기를 담고 싶었다.

목차는 책을 완성해 가면서 몇 번의 수정을 거쳤다. 그만큼 하고 싶은 이야기가 많았다. 작가 세 명이 현업에서 쌓은 경험과 고민 그리고 인사이트가 넘쳐났다. 하지만 작가들의 커리어 과정이 달랐기에 같은 주제에 대해서도 생각이 다르거나 경험이 달랐다. 중간중간 싱크를 맞추며 책의 전체적인 톤을 맞췄다. 무엇보다 이 책을 읽을 독자들의 시선을 고려했다.

- ✓ 1인 HR담당자로 일하는 사람
- ✓ 빠르게 성장하는 회사에서 고군분투하고 있는 HR담당자
- ✓ 더 나은 조직문화를 만들고픈 HR담당자
- ✓ CEO와의 관계에 어려움이 있는 HR담당자
- ✓ 스타트업이라고 하기엔 너무 커져버린 조직에서 더 큰 판을 짜고 있는 HR담당자
- ✓ 스타트업 HR담당자가 일하는 방식이 궁금한 대기업 HR담당자

✓ 사람과 조직을 고민하는 스타트업 CEO 및 리더들

여름에 킥오프를 했던 우리는 가을과 겨울 동안 글을 썼고, 매달 한 번씩 만나 책 대화를 나눴다. 어느 날은 책 이야기를, 또 어느 날은 일 이야기를 나눴고, 그 나머지 어느 날은 책인지, 일인지 모를 진한 고민을 털어놓기도 했다. 그렇게 긴긴 날이 지나 책이 완성됐다.

이 책이 감히 특별하다고 말하고 싶진 않다. 그저 하루하루 최선을 다하며 치열하게 살아온 스타트업 현장 속 HR 이야기일 뿐이다. 책을 다 읽고 나서 '나도 이렇게 해야지'라는 생각이 들었다면 90점, '오늘 하루 치열했던 꼭 내 모습 같네'라는 생각이 들었다면 100점을 받은 기분일 것 같다. 우리는 내 모습 같은 사람들이 어딘가에 있다는 것만으로도 힘이 될 테니까.

끝으로 책이 완성되는 과정에서 함께 고민하고, 때로는 내게 모진 말을 듣기도 했던 세 작가님들께 감사를 전하고 싶다.

앞으로도 현장의 사람들을 나만의 방법으로 응원할 것이다.
이 책이 그 시작이 되길 바란다.

2024.04.
정은혜

스타트업 HR 팀장들

초판 1쇄 인쇄 2024년 5월 3일

지은이　강정욱 김민교 윤명훈
펴낸이　이복기

출판 총괄　정은혜
편집　정은혜 박효린 김한나
교정·교열　허진
표지 디자인　백나은
본문 디자인　한만오

펴낸곳　원티드북스
주소　서울특별시 송파구 올림픽로 300 롯데월드타워 35층
대표번호　02-539-7118
출판등록　2024년 2월 5일 제2024-000012호

ISBN　979-11-986970-0-4

· 이 책은 저작권법에 따라 보호받는 저작물이므로 무단전재와 무단복제를 금지합니다.
· 이 책 내용의 전부 또는 일부를 이용하려면 반드시 저작권자와 원티드북스의 동의를 받아야 합니다.
· 잘못된 책은 구입처에서 교환해드립니다.
· 책값은 뒤표지에 있습니다.

원티드북스는 일하는 사람들의 생생한 경험과 생각을 책으로 만듭니다.
출간 문의: contents-team@wantedlab.com